• 발음·회화·어법 등을 두루 다룬 입문단계의 종합학습 •

만리장성 중국어 1

왕옥지 지음

문운당

머리말

깊은 잠에 빠져 있던 중국은 1979년 등소평의 개혁·개방정책을 실천한 후, 각 방면으로 비약적인 발전을 거듭하여, 오늘날 세계 제2의 경제대국으로 부상하며 미국까지 위협하고 있다.

문호개방을 한지 10여 년만인 1992년 8월 우리에게 거대한 허상으로만 인식되었던 중국은 한·중수교를 통하여 실상으로 우리에게 다가왔다. 이어 중국열풍도 불어왔고, 종전에 없는 일, 즉 우리나라에 대한 열풍도 중국은 물론 중화권 나라에서 불기 시작했다. 중국의 한류(漢流)와 우리의 한류(韓流)가 공존하고 있는 이 시대에 한·중 양국은 더 이상 어느 한쪽이 일방적으로 바라보고 있는 관계가 아니다.

한·중 양국의 관계와 교류가 발전을 거듭하면서, 중국어 교육이 강조되고 교재의 질적 수준이 요구되며, 중국에서는 물론 우리나라에서도 다양한 중국어 교재가 줄이어 출판되고 있다.

저자는 1998년 ≪기초중국어회화≫에 이어 2002년에 ≪기초중국어≫를 저술하였고, 중국어 교재의 질적 요구와 편집추세에 따라 새로운 교재의 저술이 간절하여 2009년 ≪만리장성 중국어정복≫ 입문편과 초중급편이 집필·개발되었으며, 본 교재를 편집·분량·내용 등 각 방면으로 재개편하여 출간하게 되었다.

외국어 학습은 아동에게는 학문이 아닌 암기와 습관의 과정이지만, 중학생 이상의 성인에게는 막연하게 암기 그리고 습관화해서 마스트하기에는 시간적 여유가 없다. 이들에게 효율적 학습방법은, 정확한 발음은 물론, 문형·용법 등을 동시에 습득하는 것이다. 발음과 어법은 외국어 학습에 있어 기초단계이고, 문형은 언어의 규칙이며, 정확한 외국어 구사능력과 활용능력을 향상시키는 중요한 도구가 된다. 그러나 학문적으로 심도 있게 다룰 필요는 없다.

본 교재는 "세계에서 가장 간략한 언어"라고 불리는 중국어의 특징을 살려, 중국어의 문형이 '단어와 단어의 이어짐'이란 학습 포인트를 강조하고, 쉽고 효율적인 학습을 위해 중국어와 우리말의 어순관계를 알아보기 쉽게 숫자로 표시하였다. 또한 중국어 학습의 키포인트가 되는 부분을 효율적으로 다루려고 노력하였고, 쉽고 체계적인 학습방법을 취하면서 알찬 학습내용을 다룬 것이 특징이다.

'발음편'을 하나의 장으로 분리하여, 자음·모음·성조 등 발음지식을 여러 과에 각각 부분적으로 분산시킨 교재편찬에 비해, 훨씬 체계적이고 집중적이며 구체화되어 있다. 그러므로 이해력을 높이며, 효과적인 발음학습효과를 볼 수 있다. '문형과 표현 다지기' 파트는 '중국어문형 익히기'에 도움을 주며, '내 실력 체크'는 간략하고 실용적으로 다루어져 보다 알찬 연습이 될 것이다. 또한 이 책은 글자의 원 성조를 익히게 하기 위하여 대체로 경성 대신 원 성조로 표기한 것이 특징이다.

끝으로 이 책이 여러분의 기초중국어 실력 향상에 유익한 벗이 되기를 바라며, 이 책의 출간에 힘써주신 문운당의 모든 분들께 감사드립니다.

2013년 1월

왕 옥 지

목 차

중국어 상식편

발음편

회화편

번역

답안

문형총론

일러두기

명 명사	동 동사	형 형용사
be동 be동사	부 부사	수 수사
양 양사	조 조사	전 전치사
접 접속사	접미 접미사	감 감탄사
지 지명	능동 능원동사, 조동사	인대 인칭대명사
지대 지시대명사	의대 의문대명사	의조 의문조사

상식편

우리 한자어 어휘와
현대중국어의 어휘는
한자 하나로 이루어지는 개념이 아닌
다음절사의 개념을 갖기 때문에,
우리가 잘 알고 있듯이
한자 하나하나의
음과 뜻을 두루 익히는
한자공부보다는
우리와 중국의 실제 언어체계와
부합하는 한자어교육이
절실히 필요하다

1 중국어에 대한 의문점

한자, 한문 그리고 중국어

한자(漢字)라는 명칭은 중국 한(漢)나라 왕조 이름에서 유래되었다. 진(秦)나라(BC 221~BC 206)는 중국 최초의 통일국가지만 그 역사가 20년이 채 안 되고, 또 한나라(BC 202~AD 220)가 중국을 통일하고 400여 년의 역사를 지속, 발전을 거듭하여 통일국가의 진면목을 갖추게 되었기 때문에, 중국은 한나라를 중국 최초의 통일국가, 중국의 대표적인 왕조로 간주하며, 중국의 글자를 한자(漢字), 한자로 이루어진 글을 한문(漢文), 중국민족을 한족(漢族 : 중국의 55개 소수민족 제외)이라고 칭한다.

한자·한문·현대 중국어의 차이는, 즉 한자는 중국문자이고, 한문은 한자로 구성된 문장 또는 글이다. 그러나 한문이 곧 현대 중국어를 의미하는 것은 아니다. 한문과 현대 중국어의 차이는, 한문은 한자 하나하나가 뜻을 갖는 단음절사로 구성되어 있는 반면, 현대 중국어에는 단음절사도 있지만 대체적으로 2개 혹은 3개 혹은 4개의 한자가 결합하여 한 어휘가 되는 다음절사로 이루어져 있고, 이 중 2음절사가 특히 많다. 다시 말하면, 현대 중국어는 한문체재인 단음절사에서 다음절사로 발전한 언어체계라고 할 수 있다. 우리가 한문이 있듯이 중국에도 역시 한문이 있고, 한문체의 글을 고문(古文)이라고 하며 현대 중국어로 한자 하나하나의 뜻을 풀이하고 한문을 해석한다.

그러므로 한자교육의 역할이 과연 무엇인가에 대해 살펴보면, 한자교육은 한문을 위한 교육이며, 한문은 교양과 학문적 성격을 두루 갖추고 있다. 교양한문이란 옛사람들의 글을 통해 고인(古人)들의 정서와 철학을 이해하는 것이다.

- 한자교육 : 한문, 즉 옛사람의 서면어 교육
- 한자어교육 : 우리의 한자어 및 중국의 일부 어휘 교육

우리말과 한문 그리고 현대 중국어

우리말	한문(단음절사)	현대 중국어(다음절사)
모친(母親)	母	母親
부친(父親)	父	父親
금일(今日)	今	今日, 今天
의자(椅子)	椅	椅子
탁자(桌子)	桌	桌子
돌	石	石頭
달	月	月亮
귀	耳	耳朵

우리말의 어휘는 한문에서 사용하는 어휘와는 직접적인 관련이 없고, 오히려 현대 중국어의 어휘와 일치하며, 이런 어휘를 '한자어'라고 하는데, 우리말 어휘의 70% 가량 차지한다. 그러므로 한문은 우리의 현실언어는 물론 현대 중국어와도 직접적인 관련이 없고, 한문교육의 뿌리인 한자교육 역시 현실적 언어와는 거리가 있다. 물론 우리말 어휘에서 한자어가 차지하는 비중이 매우 크기 때문에 한자를 알면 우리의 한자어 또는 중국어 학습에 도움이 되나, 비효율적인 교육이라 생각한다.

왜냐하면, 중국어는 한자로 이루어져 있어, 중국어의 학습구조가 모두 한자를 바탕으로 하는 점에서는 공유의 여지가 있으나 우리말의 한자어와 현대 중국어의 어휘는 한자 하나로 이루어지는 개념이 아닌 다음절사의 개념을 갖기 때문에, 우리가 잘 알고 있듯이 한자 하나하나의 음과 뜻을 두루 익히는 한자공부보다는 우리의 실제 언어체계와 부합하는 한자어 교육이 절실히 필요하며, 또한 한자어 교육은 더 나아가 중국어 학습에도 큰 도움을 준다. 이해를 돕기 위해 예를 들어 보면, '容'자는 '얼굴 용'으로 '容'자의 자형을 익히고 또 '얼굴'이란 뜻을 익히고, 우리의 한자음 '용'음을 익힘으로 기본적인 하나의 한자공부가 끝난다. 그러나 '용(容)'자가 우리의 '얼굴'이란 뜻을 나타내지 않고, '용모(容貌)'가 우리의 한자어이기도 하고 또 현대중국어의 어휘이기도 하다. '容貌' 이외 '용'자가 들어간 단어로 '용이(容易)하다' 역시 우리말과 현대중국어에서 모두 사용하고 있다. 그밖에 한문의 '아비 부(父)'·'어미 모(母)' 등 단어 역시 우리의 한자어에서나 현대 중국어에서나 모두 '부친(父親)'·'모친(母親)'이란 어휘를 사용한다는 것이다.

북경어는 대만에서도 통하나요?

현대 중국의 표준어는 북경어이다. 엄격하게 말하면 북경어를 바탕으로 한 언어체계인데, 중국에 관심을 갖는 사람들 가운데는 "북경어를 배우면 대만에서도 사용가능하나요?"라고 질문을 하기도 한다. 북경어가 중국의 표준어로 제정된 시기는 장개석(蔣介石 : 장제스)이 이끈 국민당이 대만으로 물러나기(1949년) 약 30년 전인 1920년대이다. 때문에, 국민당이 대만에서 정착한 이후에도 여전히 북경어를 대만의 표준어로 삼았다. 다만, 중국 대륙에서는 표준어를 '보통화'라고 하고, 대만에서는 '국어'라고 한다.

간체자란 무엇인가요?

1949년 중국이 공산화된 후(해방 이후), 중국은 문자개혁정책의 일환으로 일본에서 사용하는 한자 약자처럼 일부 한자의 필획 또는 자형을 간략화한 것이 '간체자'이다. 중국의 간체자와 일본의 약자는 다르며, 한글워드 글꼴에 신명조간자와 신명조약자가 바로 중국간자와 일본약자이다.

대만에서 사용하고 있는 전통 한자는 상대적으로 번체자 또는 정자(正字)라고 하는데, 한국에서 사용하는 한자와 대동소이하다.

주요 번 · 간체자 대조 : 글자

車(车)	貝(贝)	見(见)	頁(页)	風(风)
魚(鱼)	車(车)	鳥(鸟)	麥(麦)	龜(龟)
齒(齿)	馬(马)	龍(龙)	鹵(卤)	韋(韦)
學(学)	習(习)	審(审)	號(号)	聲(声)

주요 번 · 간체자 대조 : 글자 또는 편방

食(食)	飯(饭)	金(金)	銀(银)	門(门)	間(间)	開(开)	言(言)	語(语)
這(这)		紀(纪)	線(线)	緊(紧)		累(累)	燒(烧)	
場(场)		將(将)	牆(墙)	體(体)		骸(骸)	點(点)	默(默)

발음부호의 역할

'소리문자'인 한글은 자형과 자음을 모두 겸비하고 있으나, 흔히 '뜻글자'라고 불리는 중국문자 한자는 소리를 나타내는 형성자가 총한자의 90% 이상을 차지한다. 즉, 한자의 편방인 형부(形符)와 성부(声符)에서 글자의 뜻과 음을 추측할 수 있다. 그러나 글자 음의 자체적 변화, 그리고 본래 자음을 정확하게 나타내지 못하는 글자도 허다하기 때문에, 소리를 나타내는 형성글자는 역할을 하지 못한다. 그러므로 한자에는 한자의 음을 표기하는 부호를 따로 사용한다. 대만에서는 중국인이 만든 부호, 즉 '주음부호'를 사용하고 있고, 중국대륙에서는 '로마 자모'로 된 '한어병음자모'를 사용하고 있다.

2 한국인에게 중국어 학습의 지름길

한자어 활용 472

우리말에는, 근대 서양문명의 도입과 함께 영어식 외래어가 출현하기에 앞서, 천 년 넘게 사용되어왔던 한자 어휘가 아직도 많이 남아 있고, 우리말 어휘의 약 70%를 차지하고 있다. 예외적인 경우도 있지만 대부분의 한자어는 중국 현대 표준말에서 사용하고 있는 낱말과 같다. 그러므로 중국어 학습에 있어, 우선 어휘의 개념자체를 힘겹게 외울 필요가 없다. 예를 들면, '학교'라는 낱말은 중국어에도 '학교'이며. 단지 음이 다르고 한자 '學校'로 나타내주면 된다. 다시 말하면, 이러한 중국어 어휘는 한자쓰기와 음만 익히면 끝난다. 때문에 외국어 학습에서 가장 어려운 단어 습득은 수월할 수밖에 없다. 설령 발음을 익히지 못하더라도, 중국어 낱말과 우리 한자어의 관계를 인지한다면 한자어로서 일정한 필담(筆談)을 나눌 수 있다.

중국어의 낱말과 우리 한자어의 관계는, 472개의 한자어 예를 중심으로 다음 몇 유형으로 살펴볼 수 있으며, 한자는 우리와 대만에서 사용하고 있는 번체자를 사용했다.

유형 1 완전히 일치하는 경우(고유명사 제외)

이러한 어휘는 명사가 대부분을 차지하는데, 중국어의 동사와 형용사는 자체적으로 2개의 품사를 갖는 것이 허다하다. 한 단어가 명사와 동사, 명사와 형용사 등 이중품사를 갖는다. 예를 들면, 중국어 '登山'은 우리말 '등산'인 명사도 되고 '등산하다'인 동사도 된다.

父母:부모	父親:부친	母親:모친	兄弟:형제	姊妹:자매
男子:남자	女子:여자	女人:여인	醫師:의사	教師:교사
學生:학생	軍人:군인	海軍:해군	陸軍:육군	空軍:공군

勞動者:노동자	職員:직원	先生:선생	銀行:은행	商店:상점
學校:학교	教室:교실	桌子:탁자	椅子:의자	鉛筆:연필
粉筆:분필	燈:등	消防隊:소방대	(大)門:(대)문	校門:교문
前門:전문	後門:후문	山:산	江:강	大海:대해
天空:천공	地上:지상	空中:공중	中間:중간	左右:좌우
左側:좌측	右側:우측	身體:신체	胃:위	腸:장
心臟:심장	腎臟:신장	肝臟:간장	膀胱:방광	大腸:대장
頂上:정상	登山:등산(하다)	步行:보행(하다)	行人:행인	人道:인도
車道:차도	公園:공원	海邊:해변	時間:시간	眼鏡:안경
手巾:수건	風景:풍경	觀察:관찰(하다)	觀光:관광(하다)	換錢:환전(하다)
旅行(社):여행(사)	道路:도로	建築(物):건축(물)	一層:1층	圖書館:도서관
運動:운동(하다)	運動場:운동장	體操:체조	國民:국민	人民:인민
葡萄:포도	菓子:과자	樹木:수목	長壽:장수	生日:생일
愉快:유쾌(하다)	交通:교통	中國:중국	韓國:한국	日本:일본
美國:미국	英國:영국	高級:고급	初級:초급	中級:중급
生活:생활(하다)	活動:활동(하다)	人間:인간	動物:동물	植物:식물
食物:식물	生物:생물	非常:비상	飛翔:비상	發展:발전(하다)
珍品:진품	關係:관계	親善:친선	歌手:가수	樂團:악단
作家:작가	作詞:작사(하다)	作曲:작곡(하다)	文學:문학	文化:문화
風俗:풍속	習慣:습관	學習:학습(하다)	國語:국어	國家:국가
愛國歌:애국가	國土:국토	土地:토지	武力:무력	武器:무기
戰爭:전쟁	核:핵	手術:수술	手續:수속	紀念:기념
數學:수학	倫理:윤리	音樂:음악	美術:미술	體育:체육
化學:화학	物理:물리	理論:이론	實習:실습(하다)	實習生:실습생
歷史:역사	地理:지리	留學:유학(하다)	儒學:유학	圖表:도표

地圖:지도	指導:지도(하다)	姨母:이모	姑母:고모	瓷器:자기
自己:자기	簡單:간단(하다)	普通:보통	一般:일반	保存:보존(하다)
警察:경찰	孔子:공자	孟子:맹자	老子:노자	資本:자본
社會:사회	板本:판본	板權:판권	所有者:소유자	果木:과목
科目:과목	海岸:해안	體力:체력	氣溫:기온	溫度:온도
氣候:기후	季節:계절	四方:사방	熱(心):열(심)	國外:국외
國內:국내	海外:해외	觀念:관념	概念:개념	生命:생명
價値:가치	萬一:만일	創造:창조(하다)	創立:창립(하다)	冒險:모험(하다)
探險:탐험(하다)	派遣:파견(하다)	立場:입장	入場:입장(하다)	色彩:색채
光彩:광채	鑛泉:광천	溫泉:온천	內部:내부	外部:외부
婦女:부녀	婦人:부인	(大)丈夫:(대)장부	治療:치료(하다)	病院:병원
醫院:의원	退院:퇴원(하다)	退職:퇴직(하다)	休息:휴식(하다)	調查:조사(하다)
檢查:검사(하다)	統一:통일(하다)	分裂:분열(하다)	人事:인사	事件:사건
摩擦:마찰(하다)	按摩:안마(하다)	模樣:모양	姿勢:자세	仔細:자세(히)
清潔:청결(하다)	衛生:위생	大便:대변(보다)	小便:소변(보다)	便利:편리
食堂:식당	飮食:음식	消化:소화(되다)	湖水:호수	日記:일기
起床:기상(하다)	睡眠:수면	氣象臺:기상대	報導:보도(하다)	預報:예보(하다)
晩餐:만찬	早飯:조반	粥:죽	愛人:애인	黃昏:황혼
親戚:친척	叔父:숙부	伯父:백부	政府:정부	行政:행정
外交(官):외교(관)	大使(館):대사(관)	領事(館):영사(관)	教授:교수(하다)	小說:소설
學費:학비	費用:비용	比較:비교(하다)	所得:소득	海關:해관
足球:족구	排球:배구	散步:산보(하다)	選手:선수	關稅:관세
教育:교육(하다)	交流:교류(하다)	復習:복습(하다)	預習:예습(하다)	團體:단체
電話:전화	錄音機:녹음기	機械:기계	手工:수공	工藝品:공예품
藝術(家):예술가	舞蹈會:무도회	印象:인상	書籍:서적	家庭:가정

日常:일상	用品:용품	商品:상품	生産:생산(하다)	品質:품질
記者:기자	報告:보고(하다)	實驗:실험(하다)	大學(生):대학(생)	買賣:매매
頭痛: 두통	病:병	爬虫類:파충류	鳥類:조류	潮流:조류
火山: 화산	市場:시장	市長:시장	部長:부장	首長:수장
漁夫:어부	農夫:농부	農村:농촌	都市:도시	市民:시민
雨傘:우산	陽傘:양산	太陽:태양	地下(道):지하(도)	地上:지상
車庫:차고	皇帝:황제	皇后:황후	陛下:폐하	殿下:전하
宮殿:궁전	宮女:궁녀	朝廷:조정	調整:조정(하다)	人口:인구
冷水:냉수	冷麪:냉면	溫水:온수	倉庫:창고	皮膚:피부
參加:참가(하다)	活動:활동(하다)	金錢:금전	音樂:음악	樂器:악기
校長:교장	郊外:교외	乘客:승객	顧客:고객	一切:일절
辭典:사전	字典:자전	自傳:자전	自轉:자전(하다)	强盜:강도
辯護:변호(하다)	乾杯:건배(하다)	當然:당연(하다)	藍色:남색	黑色:흑색
衣服:의복	許多:허다(하다)	生産:생산(하다)	考試:고시	容易:용이(하다)
進步:진보(하다)	進展:진전	收穫:수확(하다)	豊富:풍부(하다)	聰明:총명(하다)
世界:세계	考慮:고려(하다)	經驗:경험(하다)	成功:성공(하다)	目的:목적
精神:정신	意思:의사	正義:정의	意義:의의	道理:도리
機會:기회	硏究:연구(하다)	硏究所:연구소	討論:토론(하다)	演出:연출(하다)
劇場:극장	取消:취소(하다)	兼職:겸직(하다)	計劃:계획(하다)	充實:충실(하다)
郵票:우표	雜志:잡지	車票:차표	親切:친절(하다)	錄音:녹음(하다)
日程:일정	按排:안배(하다)	環境:환경	廚房:주방	成人: 성인
老人:노인	兒童:아동	幼兒:유아	幼年:유년	熱情:열정
公務(員):공무(원)	留學(生):유학(생)	空間:공간	民間:민간	道德:도덕
宇宙:우주	灰色:회색	白色:백색	實驗:실험(하다)	黑白:흑백

유형 2 단어에서 글자의 위치가 바뀌는 경우(글자의 도치)

이러한 어휘는 희소하다.

語言(어언): 언어(言語)	命運(명운): 운명(運命)	介紹(개소): 소개(紹介)하다	牙齒(아치): 치아(齒牙)
和平(화평): 평화(平和)			

유형 3 같은 단어지만 우리말과 중국말에서의 의미가 다른 경우

이러한 어휘 역시 드물다. 우리말 풀이 우측 위첨자의 '중'은 중국어, '한'은 한국어에서의 의미를 뜻한다. 즉 괄호 안은 우리말 뜻, 괄호 밖의 풀이는 중국어 뜻.

點心:간식[중](점심[한])	飯店:호텔[중](반점[한])	快樂:즐겁다[중](쾌락[한])	汽車:자동차[중](기차[한])
新聞:news(신문)	愛人:애인, 중국에선 부부간의 칭호(애인)	學院:단과대학(학원)	研究所:연구소, 대학원(연구소)
研究生:대학원생	認識:알다(인식하다)	小心:조심하다(소심하다)	人家:자신 또는 남을 지칭함(인가)
買賣:장사(매매)	活動:행사(활동하다)	文章:글(문장)	作業:숙제(작업)
告訴:알리다 (고소하다)	顔色:색깔(안색)	地方:곳(지방)	出席: 참석하다(출석하다)

유형 4 완전 일치하지는 않으나 일부 한자가 같은 경우

窗戶(창호): 창문(窗門)	黑板(흑판): 칠판(漆板)	飯桌(반탁): 식탁(食桌)	中餐(중찬): 중식(中食)

中午(중오): 정오(正午)	上午(상오): 오전(午前)	下午(하오): 오후(午後)	韓國飯(한국반): 한식(韓食)
放假(방가): 방학(放學)	放學(방학): 방과(放課)	飛機(비기): 비행기(飛行機)	在校生(재교생): 재학생(在學生)
舞蹈(무도): 무용(舞踊)	牙痛(아통): 치통(齒痛)	感冒(감모): 감기(感氣)	病人(병인): 환자(患者)
樂隊(악대): 악단(樂團)	熱水(열수): 따뜻한 물(溫水:온수)	水桶(수통): 물통	飯桶(반통): 밥통
大人(대인): 어른	地鐵(지철): 지할철(地下鐵)	遲到(지도): 지각(遲刻)	郵局(우국): 우체국(郵遞局)
身高(신고): 키(身長:신장)	發現(방현): 발견(發見)		

유형 5 순수 우리말 어휘의 한자 사용

중국어에서는 거의 단음절사로 이루어지는 낱말이다.

人:사람(사람 인)	花:꽃(꽃 화)	書:책(쓸 서)	魚:생선(고기 어)	火:불, 화(불 화)
水:물(물 수)	雨:비(비 우)	風:바람(바람 풍)	天:하늘(하늘 천)	地:땅(땅 지)
肉:고기(고기 육)	來:오다(올 래)	去:가다(갈 거)	看:보다(볼 간)	有:있다(있을 유)
飛:날다(날 비)	大:크다(클 대)	小:작다(작을 소)	重:무겁다(무거울 중)	輕:가볍다(가벼울 경)
痛:아프다(아플 통)	多:많다(많을 다)	少:적다(적을 소)	買:구매하다(살 매)	賣:팔다(팔 매)
養:기르다(기를 양)	好:좋다(좋을 호)	高:높다(높을 고)	熱:덥다(더울 열)	冷:춥다(찰 냉)
貴:비싸다(귀할 귀)	賤:저렴하다(천할 천)	錢:돈(돈 전)	學:배우다(배울 학)	低:낮다(낮을 저)

3 중국어의 특징

세계에서 가장 간단한 언어

중국어는 우리말 구조상에 중요한 요소가 되는 격조사·형태변화·높임말과 낮춤말이 없는 일종의 간결한 언어체계로 이루어져 있다. 중국어는 한 마디로 '낱말과 낱말의 이어짐'이라 할 수 있다. 중국어를 우리말로 직역을 하면 어떤 말은 의미가 완전히 전달 안 되는 경우가 있지만, 중국인들 사이에는 100% 의사전달이 다 된다.

중국어 문형·용법의 중요성

'낱말과 낱말의 이어짐'의 주요 수단이 되는 것은 '낱말의 순서'인 '문형'과 용법이며, 여러 형태의 문형과 각종 용법에 따라 낱말을 이어준다. 그러므로 중국어에 있어, 어순은 매우 중요한 역할을 한다. 우리말에서는 격조사를 통하여 다양한 문법관계를 나타내지만, 중국어에서는 주어는 술어 앞, 목적어는 동사 뒤, 부사어는 주요 단위(동사·형용사·be동사)의 앞, 관형어는 피수식어 앞에 각각 위치하는데, 이러한 어순은 비교적 고정되어 있으며, 어순이 바뀌면 문법적 관계, 즉 의미가 달라진다. 그리고 중국어에는 높임말과 낮춤말의 구분이 없고, 띄어쓰기가 없다.

주 어 + 형용사

教室 jiàoshì　　大 dà

교실은 크다.

1 2

* 教室大. – 원래는 띄어쓰기 안 함.

주 어 + 동 사 + 목적어

母亲	教	我
mǔqīn	jiāo	wǒ

어머님은 나를 가르친다.

1 3 2

* 母亲教我. – 원래는 띄어쓰기 안 함.

주 어 + be동사 是(shì) + 주격보어

我	是	学生.
wǒ	shì	xuéshēng

나는 학생/이다.

1 3 2

우리말에는 격조사 '을'·'를'·'이'·'가' 등을 써서 주어와 목적어의 위치를 바꾸어 놓아도 문장의 기본 의미는 변화지 않지만, 중국어에서는 의미가 완전히 달라진다.

주 어 + 동 사 + 목적어

父亲	教	中国语
fùqīn	jiāo	zhōngguóyǔ

아버지는 중국어를 가르친다. (중국어는 아버지가 가르친다.)

中国语 教 父亲 (×)

중국어는 아버지를 가르친다.

이처럼 중국어의 문형은 매우 중요하지만, 간단하게 이루어져 문형학습이 훨씬 쉽다. 단지 문형과 용법에 맞추어 단어를 이어주면 바로 중국어가 구사되므로, 각 과에서 다루어진 문형을 부록 '중국어 문형 총론' 부분에 종합적이고 체계적으로 정리해놓았다.

발음편

중국 글자의 음 = 성모(자음) + 운모(모음) + 성조(톤)

성모 : 21개

운모 : 16개 + 결합모음

성조 : 4개

중국 글자의 음은 자음·모음·성조 등 3개의 음소로 이루어진다.
우리말의 자음과 모음은 글자를 형성하지만,
중국어의 음소는 글자가 아닌 글자의 음을 표시할 뿐이다.
중국인이든 외국인이든 중국말과 글자를 배우기 전
반드시 거쳐야 하는 단계이고, 매우 중요한 학습단계이다.

1 성모(聲母) : 자음 녹음1

'성모'는 즉 우리의 자음이며, 현대 표준어의 성모는 21개이며, 발음부위와 발음방법에 의해 자모의 음이 구별된다.

b
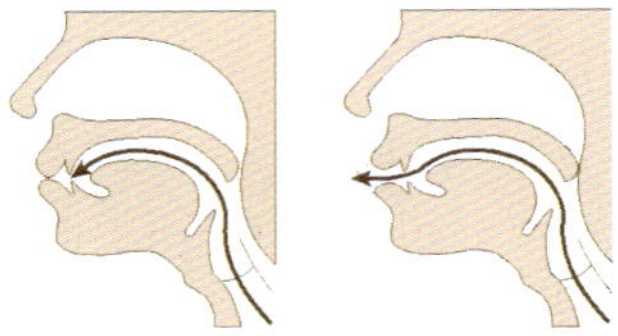

p
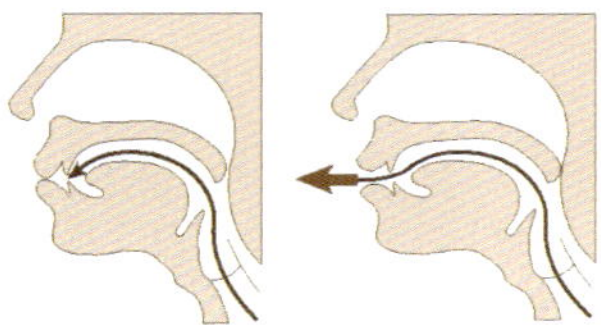

m
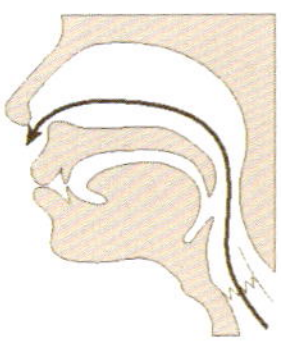

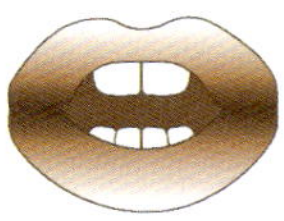

쌍순음	파열 무기	파열 유기	비음
	b	p	m

위와 아래 입술을 다물고 있다가 열면서, 발음방법에 따라 b·p·m로 구분된다.

b : 성대(聲帶)를 울리지 않는 상태에서, 약한 입김을 내쉰다.

p : 성대를 울리지 않는 상태에서 강한 입김을 내쉰다.

m : 성문(聲門)이 닫혀, 기류는 성대를 울리고, 비강으로 들어가, 비음을 낸다.

f
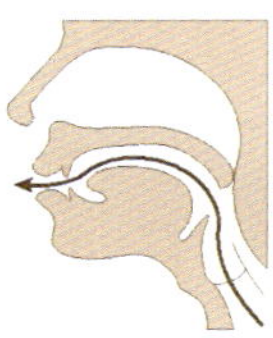

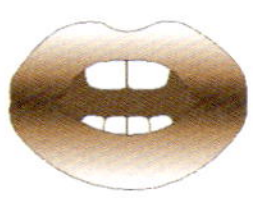

순치음	마찰
	f

f : 윗니를 아래 입술 안쪽에 대고, 성대를 울리지 않는 상태에서 입김이 윗니와 아래 입술 사이에서 마찰을 일으키며, 밖으로 나온다.

설첨음	파열		비음	변음
	무기	유기		
	d	t	n	l

d

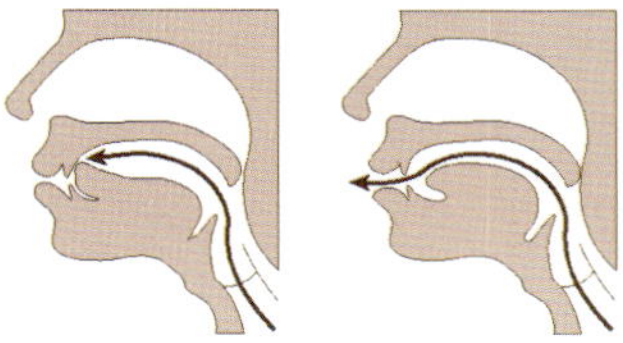

t

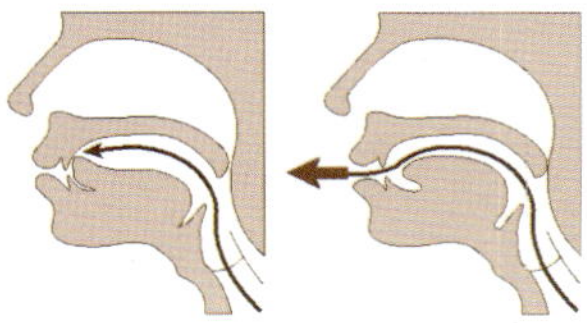

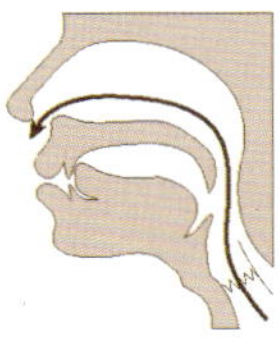

n

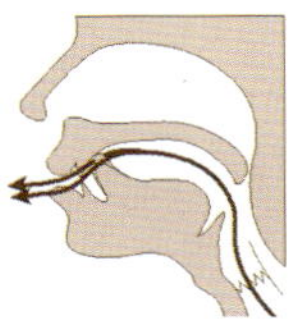

l

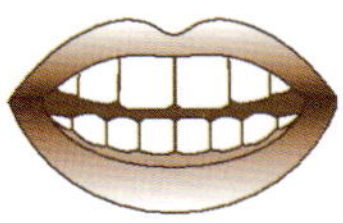

혀끝을 위 치아와 윗잇몸 사이에 댄다. 그리고 발음방법에 따라 d·t·n·l로 구분된다.

d : 성대를 울리지 않고, 입김을 약하게 잇몸과 혀끝 사이로 내쉰다.

t : 발음방법은 d와 같으나, 단지 입김을 강하게 내쉰다.

n : m과 같이 성문이 닫혀, 기류가 성대를 울리고, 비강으로 들어가 비음을 낸다.

l : 성문이 닫혀, 기류는 성대를 울리고, 구강으로 들어와, 혀 양쪽으로 입김을 내쉰다.

g
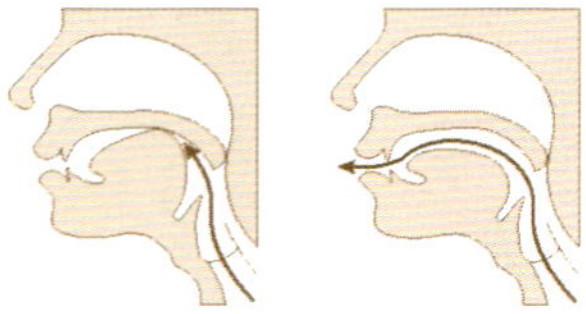
k
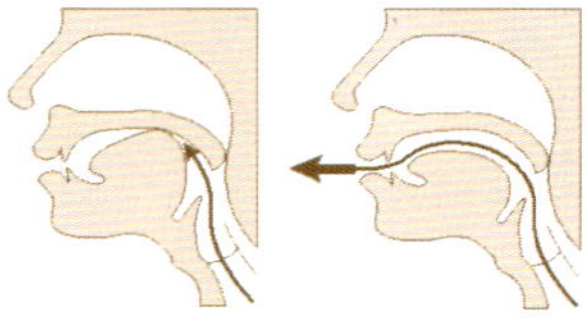
h
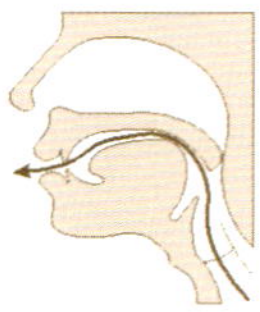
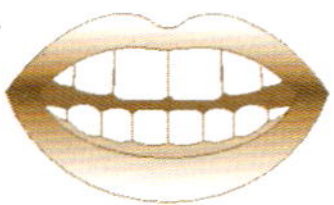

설근음	파열		마찰
	무기	유기	
	g	k	h

혀뿌리에 힘을 주고, 연구개에 닿을 듯 말 듯 한 상태에서 발음방법에 따라 g·k·h로 나뉜다.

g : 혀뿌리와 연구개 사이로 약한 입김을 내쉰다.
k : 혀뿌리와 연구개 사이로 강한 입김을 내쉰다.
h : 입김이 혀뿌리와 연구개 사이에서 마찰을 일으키며 빠져나간다.

j
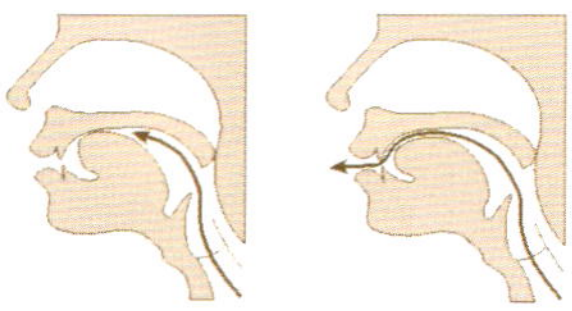
q
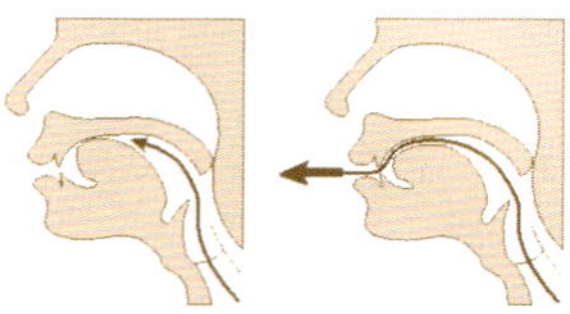
x
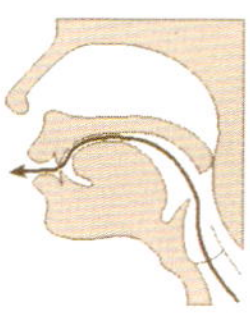
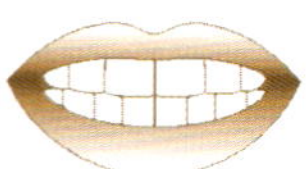

설면음	파찰		마찰
	무기	유기	
	j	q	x

혀가 편안하게 펴 있는 상태에서 혀 윗면에 힘을 가하면 혀가 연구개에 닿을듯 말듯 한 상태에서(혀 앞 부위를 올려 경구개에 댄다) 발음방법에 따라 j·q·x로 나누어진다.

j : 입김을 약하게 내 쉰다.
q : 입김을 강하게 내쉰다.
x : 혀가 경구개에 닿지 않는 상태에서, 입김이 잇몸과 혀 사이에서 마찰을 일으키며 빠져나온다.

zh
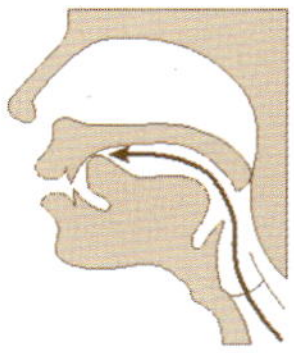

ch
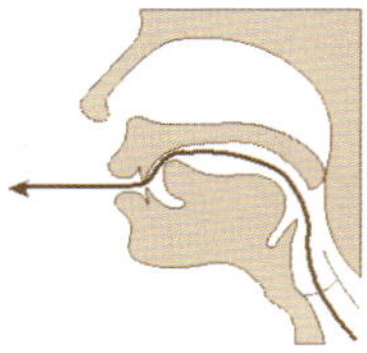

sh
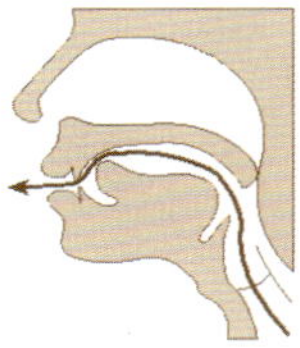

r
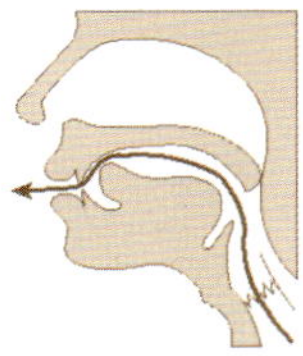

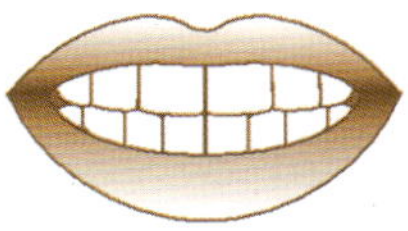

권설음	파찰		마찰	
	무기	유기	무기	유기
	zh	ch	sh	r

혀끝을 올려 말아, 연구개에 닿은 상태에서, 발음방법에 따라 zh·ch·sh·r로 나누어진다.

zh : 약한 입김이 입천장과 혀 사이로 파열·마찰을 일으키며 빠져 나온다.
ch : zh와 발음방법이 같지만 강한 입김을 내쉰다.
sh : 혀끝을 올려 말지만 연구개에 닿지 않으므로, 입김은 혀와 입천장 사이로 마찰되어 빠져 나온다.
r : 발음방법이 sh와 같지만 성대를 울리는 유성음이다.

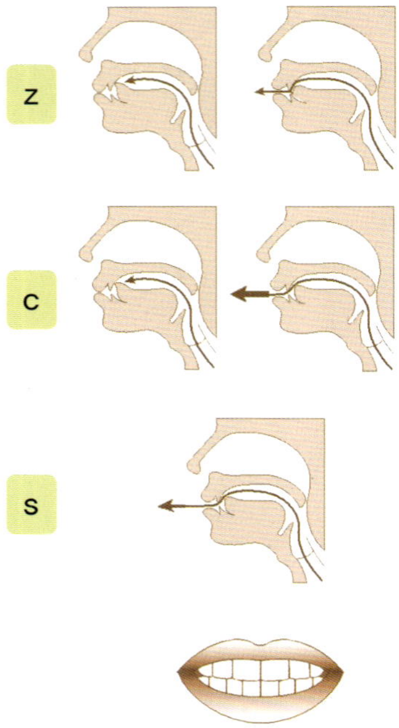

설치음	파찰		마찰	
	무기	유기	무기	유기
	z	c	s	

윗니와 아랫니를 닿을듯 말듯 한 상태에서 혀끝을 아랫니에 댄다. 그리고 발음방법에 따라 z·c·s로 나뉜다.

z : 입김을 약하게 내쉰다.
c : 발음방법은 z와 같지만 강한 입김을 내쉰다.
s : 윗니와 약간의 틈을 두어 기류가 틈 사이로 마찰되어 나오게 한다.

2 운모(韻母) : 모음 녹음2

'운모'는 우리의 모음이며, 현대 중국 표준어의 기본 운모는 16개이다. 대만에서 사용하는 「주음부호」에는 16개의 기본 운모만 다루는 반면 중국의 로마자모로 된 표음부호에는 38개 운모로 다루어지는데, 각자 일장일단이 있다.

이 책에서는 16개의 기본운모와 철자규칙을 다루는 학습방식을 취했으며, 38개 운모를 배우는 것보다 훨씬 간편할 뿐 아니라, 철자규칙을 통해 복합운모의 결합과정을 각인시켜주므로 더욱 정확한 발음을 익힐 수 있다.

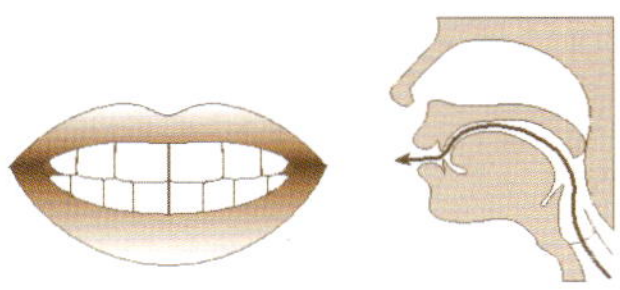	i	입술을 평평하게 옆으로 약간 벌리고, 혀를 위로 올리지만, 경구개와 닿지 않는 상태에서 성대를 울리며, /이/로 발음한다.
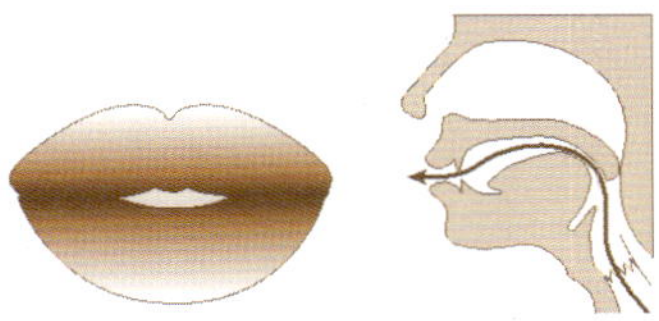	u	입술을 약간 벌리고 둥글게 오므려, 혀 뒷부분을 위로 올리지만, 입천장에 닿지 않은 채, 성대를 울리며 /우/로 발음한다.
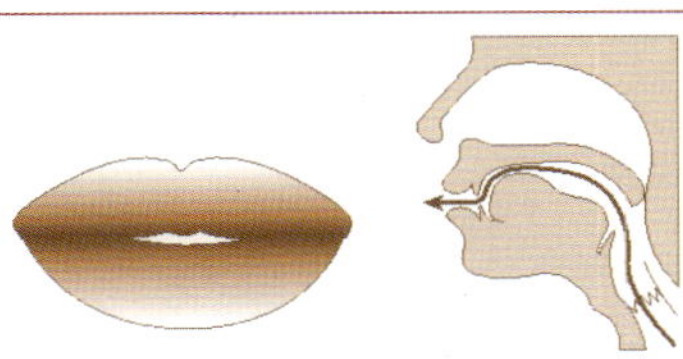	ü	발음방법과 부위가 /이/와 같지만, 단지 입술을 평평하게 벌리지 않고, /이/음과 /우/음 사이의 입술모양을 취해 /위/로 발음한다.
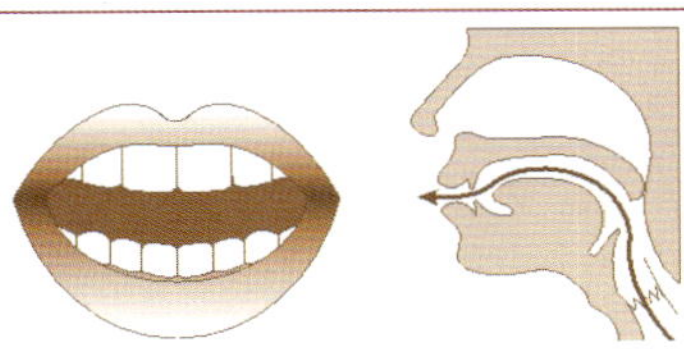	a	입 전체를 최대한 둥글게 벌리고, 혀 면을 평평히 하고, 성대를 울리며 /아/ 소리를 낸다.

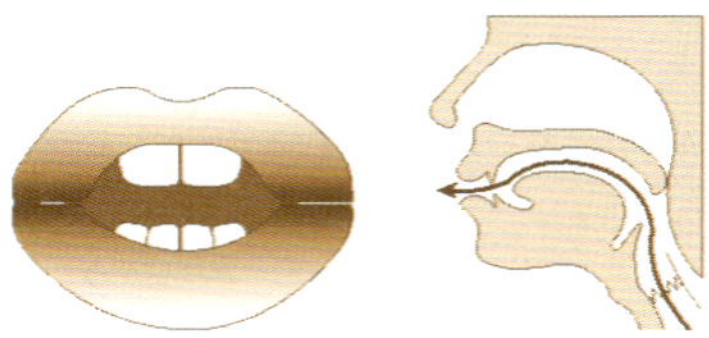

o

입을 약간 둥글게 벌리고, 혀 뒷부분을 위로 올리며, 성대를 울리면 /워/ 또는 /오/ 소리를 낸다.

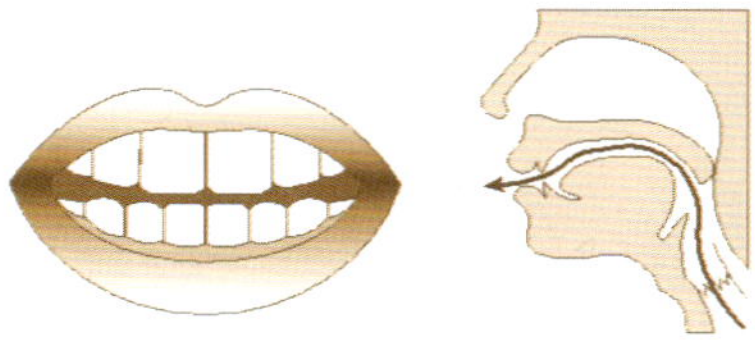

e

입술을 옆으로 벌리고, 혀 뒷부분을 위로 올리며, 성대를 울리면 /어/ 소리를 낸다.

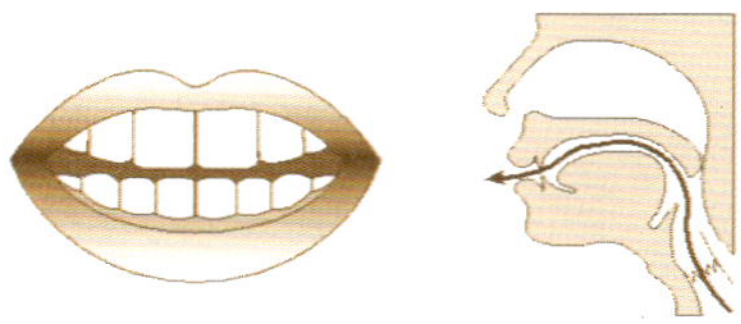

e

입술을 옆으로 /어/보다 약간 작게 벌리고, 혀 앞부분을 앞으로 내밀어 성대를 진동하며 /에/ 소리를 낸다.

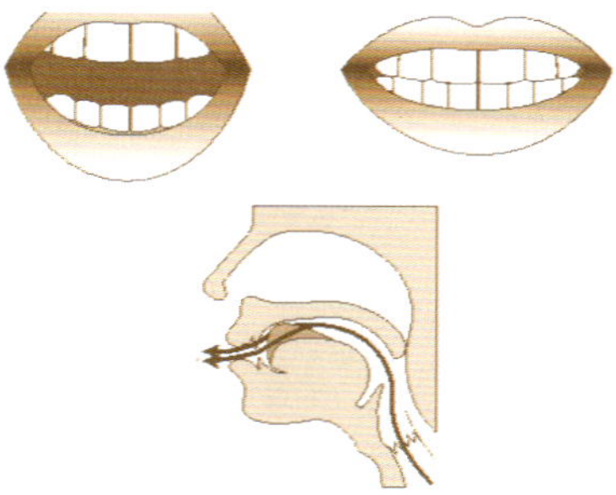

ai

혀 앞 부위를 최대한 밑으로 내려 /아/ 소리를 내는 동시 혀를 위로 올려 /이/ 소리를 낸다.

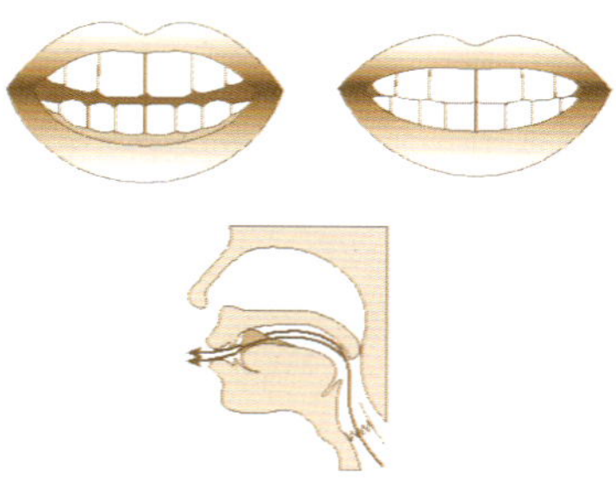

ei

/에/ 소리를 내는 동시 혀를 올려 /이/ 소리를 낸다.

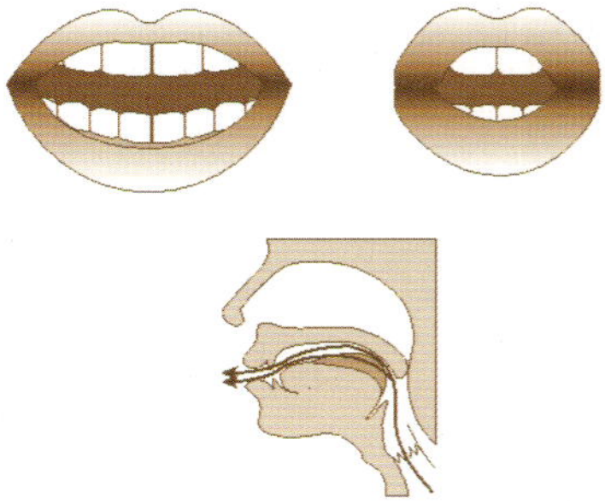

ao

혀 뒷부분을 최대한 뒤쪽 밑으로 내려, /아/발음과 동시 최대한 높이 올려 /오/ 소리를 낸다.

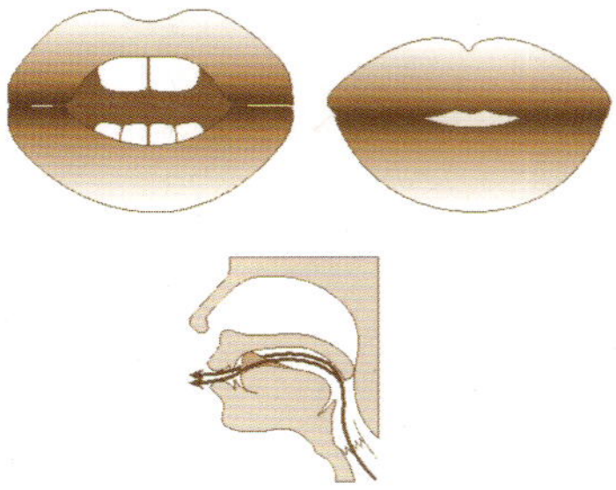

ou

/오/와 /우/의 결합음이다.

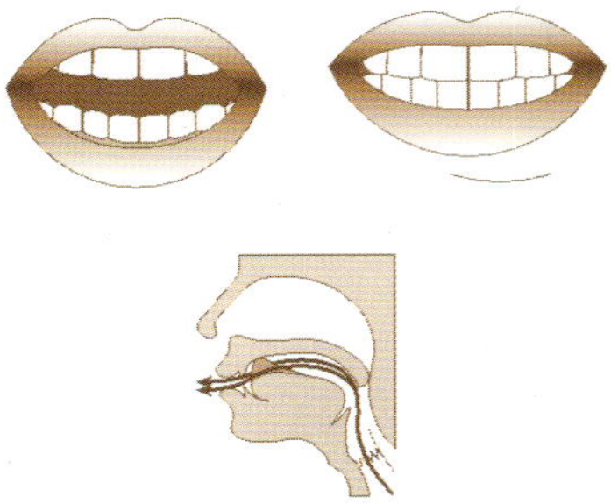

an

/아/ 소리를 내면서, 혀끝을 잇몸에 닿으며, /안/으로 소리 낸다.

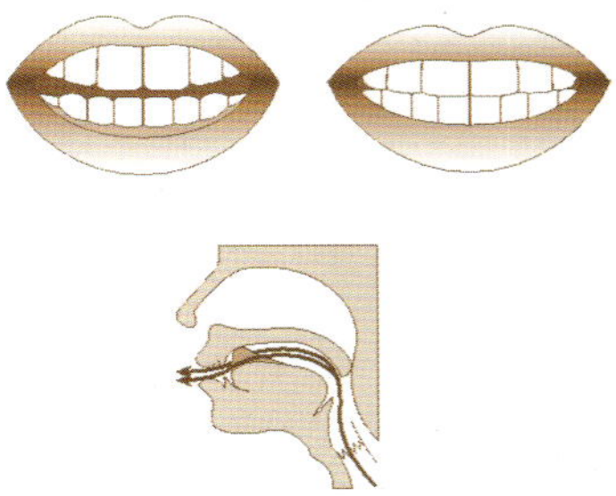

en

/어/를 발음하면서, 혀끝을 올려 잇몸에 닿으며, 비음 /언/으로 소리 낸다.

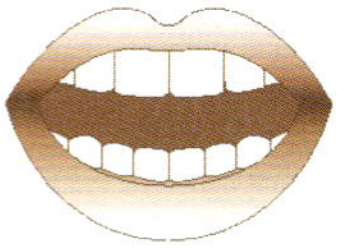
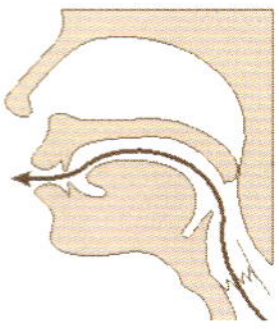

ang

/아/를 발음하면서, 혀 뒷부분을 올려 연구개에 닿으며, /앙/으로 소리 낸다.

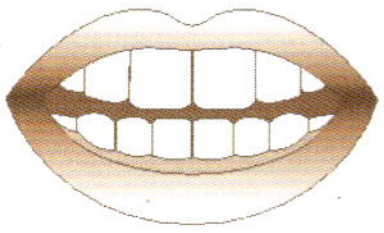
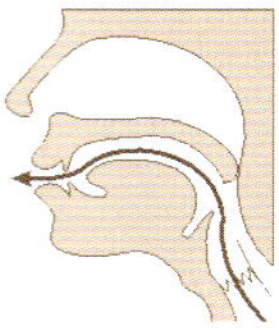

eng

/어/를 발음하면서, 혀 뒤 부분을 올려 연구개에 닿으며, /엉/으로 소리 낸다.

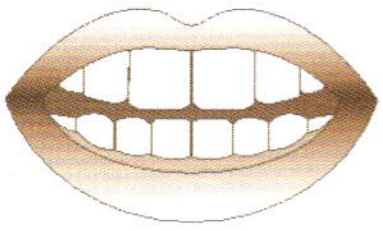
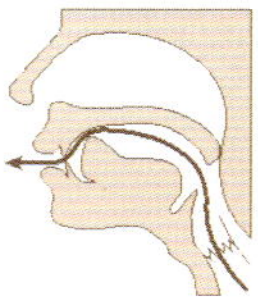

er

권설운모로 /어/와 /ㄹ/의 결합인 /얼/이다.

e(어)와 e(에)의 구분요령

i · u · ü는 모음이면서 반모음이기도 하며, 중국어에서는 반모음을 '개음'이라고 한다. e앞에 개음(반모음)인 i · u · ü가 없으면 '어'음이고, 개음 i·u·ü가 있으면 '에' 음으로 소리 낸다. 이는 자연적 현상이다.

kě (渴 목마르다)　　rè (热 덥다)　　lè (樂)
xué (学 배우다)　　xuě (雪 눈)　　jiè (借 빌리다)

u발음의 유의점

설면음 j · q · x와 u가 결합될 경우, u는 반드시 ü로 발음되며 이는 자연적 현상이다.

jù (剧 극)　　qù (去 가다)　　xǔ (许)

an발음의 유의점

an이 i 혹은 ü 뒤에 올 때, an발음은 i와 ü 발음의 영향을 받아 입술모양이 작아지면서 '안'에서 '엔'으로 발음하게 된다.

3 사성(四聲) 녹음3

성조의 특징

중국어에는 중국어만의 특징이라 할 수 있는 '성조', 즉 '톤(tone)'이 있다. 중국어 글자마다 성조를 지니며, 고저의 차이를 나타낸다. 현 표준어에는 4개의 성조가 있어, '사성'이라고 칭한다. 중국어에는 성조가 있어 어렵다고 인식을 하기 쉽고, 또 그렇게 인식되어져 왔다. 그러나 성조는 '말의 억양'을 잡아주기 때문에, 학습 입문단계에서 복잡하다고 생각하기 쉬우나, 성조규칙이 오히려 발음에 대한 자신감과 정확성을 심어주며, 스스로 억양을 잡을 수 있다.

사성의 명칭과 부호

4개의 성조명칭은 제1성·제2성·제3성·제4성으로 부르며, 사성을 나타내는 부호는 ˉ·ˊ·ˇ·ˋ으로 표시한다. 각 성조의 음치는 아래 그림과 같다.

성조 명칭	성조 부호	성조 음치
제1성	〈 ˉ 〉	(5-5)
제2성	〈 ˊ 〉	(3-5)
제3성	〈 ˇ 〉	(2-1-4)
제4성	〈 ˋ 〉	(5-1)

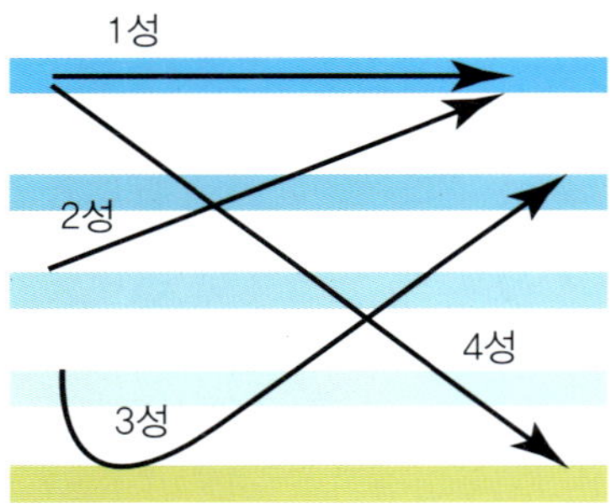

성조를 나타내는 부호 ˉ·ˊ·ˇ·ˋ는 주요모음 위에 표기한다.

mā (妈 엄마)　　mǎ (马 말)

má (麻 삼베)　　mà (骂 욕하다, 꾸짖다)

* 3성은 그림을 통해서도 발음하기에 문제가 되는 성조임을 짐작할 수 있다. 3성은 그림과 같이 전체로 발음하는 경우가 거의 없고 또 전체를 발음하기에는 불가능하다. 3성은 대체로 ① 저음부분인 앞 절반만 발음하고, ② 3성 글자가 문장 맨 뒤에 있을 경우에는 3성은 저음부분인 앞 절반만 발음하거나 뒤를 약간 올려 발음하는 경우가 있다.

경성(輕聲) 녹음4

경성은 대체로 성조그림에 중간 높이로 가볍고 짧게 발음한다. 경성의 부호는 점을 찍거나 표시하지 않는다. 경성은 조사인 글자와 관습에 의해 읽혀진다.

1) 조사

ma(吗 의문조사)　　le(了 완료를 나타내는 조사)

2) 글자가 중복된 낱말인 경우, 두 번째 글자의 성조는 원래 성조를 상실하고 경성으로 읽는다.

bàba(爸爸 아버지)　　māma(妈妈 어머니)　　jiějie(姐姐 언니, 누나)
gēge(哥哥 형, 오빠)　　mèimei(妹妹 여동생)　　dìdi(弟弟 남동생)

3) 다른 두 개의 글자로 이루어진 낱말의 경우, 뒤의 글자는 원래 성조로 발음해도 되고, 경성으로 발음해도 된다.

gàosù(su) 告訴 고소하다　　tiānqì(qi) 天气 날씨

* 1권에서는 글자의 원성조를 익히게 하기 위하여 대체로 원성조로 표기하였고, 2권에서는 글자의 경성발음을 많이 다루어 놓았다.

엄격히 말하면, 경성은 앞 글자의 성조에 따라 위치가 달라지는데, 대체로 앞 성조가 1성과 2성은 대체로 중간 높이, 3성은 1성 높이, 4성은 가장 낮은 높이로 발음한다.

성조변화(聲調變化) 녹음5

두 개 이상의 글자, 즉 음절을 이어 말하거나 한 구절의 말을 할 경우, 3성에 있어서만 규칙적인 변화를 일으키게 되는데, 이를 「성조변화」라고 한다. 서면에는 원 성조로 표기하지만 읽으나 말을 할 때는 변화된 성조로 읽거나 말을 해야 하며, 이는 자연적인 현상이다.

1 3성의 2가지 성조변화 규칙

① 제3성 + 제3성 → 제2성 + 제3성

(ˇ + ˇ → ˊ + ˇ)

hěn + hǎo → hén hǎo (很好 매우 좋다)

② 제3성 + 제1, 2, 4, 경성 → 반3성 + 제1, 2, 4, 경성

(ˇ + -, ˊ, ˋ, · → ↘ + -, ˊ, ˋ, ·)

měi + tiān → měitiān (每天 매일)

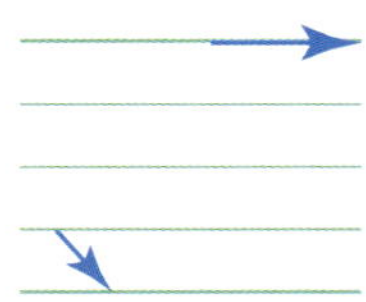

měi + guó → měiguó (美国 미국)

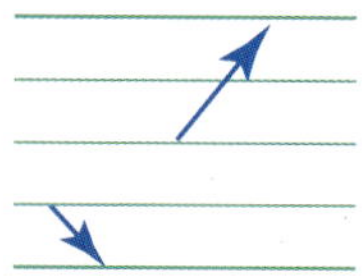

tǐ + yù → tǐyù (体育 체육)

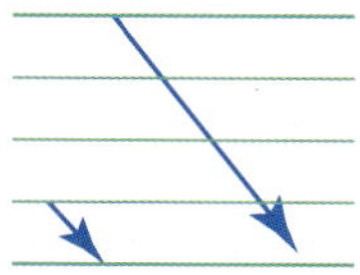

hǎo + ma → hǎo ma (好吗? 좋습니까)

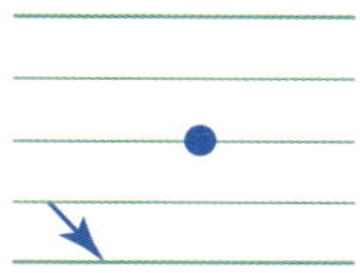

* 제3성이 3개 이상 이어질 경우, 앞에 두 음절은 모두 제2성으로 발음한다.

wǒ yě hǎo → wó yé hǎo
(我也好 나도 좋다.)

* 4개가 이어질 경우, 단어를 고려해야 하며 단음절 단어인 경우, 통상적으로 두 음절씩 끊어서 발음한다. 즉, 3성 뒤에 3성이 오면 앞 3성은 2성으로 발음하고, 끊어지는 글자의 3성은 반3성으로 발음하고, 마지막 3성글자는 반3성 또는 반3성에서 약간 올려 발음해도 된다.

wǒ yě hěn hǎo → wó yě / hén hǎo
(我也很好 나도 매우 좋다.)

2 '不'자와 '一'자의 성조변화

不(bù 부정을 나타냄) : 원래는 4성이지만, 뒤에 강한 성조 4성인 글자가 올 때, '不 + 4성 글자'일 경우, '不' 자는 부드러운 성조 2성으로 읽는다.

不(제4성) + 제4성 → 不(제2성) + 제4성

bù + huì → búhuì (不会 할 줄 모른다)
bù + dǒng → bùdǒng (不懂 이해 못하다)

'不'자가 글자 사이에 있을 때는 경성으로 읽기도 하는데, 경성으로 읽으면 더욱 매끄럽고 부드럽다. '十(shí)' 역시 같다.

对不起(duìbuqǐ 미안하다)   三十二(sān shi èr 32)

一(yī 하나, 일) : 원래는 1성이지만, 뒤에 강한 성조 4성이 올 때는 부드러운 성조 2성으로, 뒤에 부드러운 성조 2성 또는 3성이 올 때는 조화를 이루어 강한 성조 4성으로 읽혀진다.

一 + 제4성 → 一(제2성) + 제4성

yī + wàn → yíwàn (一万 1만)

一 + 제2, 3성 → 一(제4성) + 제2, 3성

yī + qǐ → yìqǐ (一起 함께)

* 七(qī 일곱, 칠)과 八(bā 여덟, 팔) 또한 원래는 1성이지만, 뒤의 글자가 오면 제2성으로 읽혀지지만, '不'과 '一'처럼 엄격하지는 않다.

내 실력체크 1

听 (tīng)

1. 발음과 일치하는 병음을 선택하시오. 녹음6

1) o	e	2) xie	jie
3) nu	lu	4) zhu	zu
5) shang	shuang	6) suo	sou
7) guang	guan	8) ren	reng
9) hen	fen	10) shan	san

2. 사성을 구분하시오. 녹음7

1) bō	bó	2) fú	fǔ
3) hēng	héng	4) tiānqì	tiānqi

念 (niàn)

1. 사성 구분 녹음8

pā	pá	pǎ	pà
dī	dí	dǐ	dì
nē	né	ně	nè
kān	kán	kǎn	kàn
xuē	xué	xuě	xuè

2. 2음절어(거의가 한자어 단어임) 녹음9

fēijī (飞机 비행기)
gāojí (高级 고급)
fāzhǎn (发展 발전)
guānxì (关系 관계)

guójiā (国家 국가)
pútáo (葡萄 포도)
túbiǎo (图表 도표)
chángshòu (长寿 장수)

huǒchē (火车 기차)
bǎoquán (保全 보전)
měnghǔ (猛虎 맹호)
guǒmù (果木 과목)

jiàoshī (教师 교사)
jiàoxué (教学 교학)
rùchǎng (入场 입장)
nèibù (内部 내부)

māma (엄마 妈妈)
jiějie (누나, 언니 姐姐)
dìdi (남동생 弟弟)

kāfēi (咖啡 커피)
shēnghuó (生活 생활)
duōshǎo (多少 다소)
shāngdiàn (商店 상점)

xuéshēng (学生 학생)
Hánguó (韩国 한국)
guótuǔ (国土 국토)
xuéxiào (学校 학교)

jiǎndān (简单 간단)
nǚ'ér (女儿 딸)
bǎnběn (板本 판본)
tǐlì (体力 체력)

huàzhuāng (化粧 화장)
huàxué (化学 화학)
màoxiǎn (冒险 모험)
huàdiàn (畫店 화랑)

bàba (아빠 爸爸)
gēge (형, 오빠 哥哥)
mèimei (여동생 妹妹)

1 철자규칙

1 zh·ch·sh·r·z·c·s의 철자

21개의 성모 중, 뒤에 운모 없이 단독적으로 '글자의 음' 을 구성할 수 있는 성모는 /zh-/·/ch-/·/sh-/·/r-/·/z-/·/c-/·/s-/ 등 7개 성모가 있다. 이러한 경우, 발음은 zh·ch·sh·r·z·c·s로 읽지만, 표기할 때는 성모 뒤에 '으'라는 운을 나타내는 '–i' 부호를 붙여서 zhi·chi·shi·ri·zi·ci·si로 표기한다. 여기서의 '–i'는 반모음 /-i-/ 발음이 아니므로 주의해야 한다.

	철자	발음
zhī (知) →	zh + i (으)	→ zh
chī (吃) →	ch + i (으)	→ ch
shì (事) →	sh + i (으)	→ sh
rì (日) →	r + i (으)	→ r
zì (字) →	z + i (으)	→ z
cì (刺) →	c + i (으)	→ c
sǐ (死) →	s + i (으)	→ s

2 반모음 /– i –/·/– u –/·/– ü –/의 세 가지 철자

운모 /-i-/·/-u-/·/-ü-/는 성모와 결합하기도 하지만, 반모음으로서 다른 운모와 결합하기도 하고, 성모·운모와 결합하여 '성모+i(u, ü)+운모'의 음절을 구성하기도 한다.

① /– i –/ · /– u –/ · /– ü –/ → yi · wu · yu

운모 /-i-/·/-u-/-ü-/가 단독적으로 글자의 음절을 이루기도 하는데, 이러한 경우 앞에다 반모음을 나타내는 /y-/와 /w–/를 붙여 yi·wu·yu로 표기한다.

철자			발음
yī (一 하나)	→	y + i →	i
wǔ (五 다섯)	→	w + u →	u
yú (鱼 생선)	→	y + u →	ü

② 성모 + i, u, ü

dì (地 땅)	→	d + i
fú (福 복)	→	f + u
lǜ (绿 푸르다)	→	l + ü

③ i, u, ü + 운모 → y, w, yu + 운모

yān (烟 담배, 연기)	→	y + an
wán (玩 놀다)	→	w + an
yuán (圆 둥글다)	→	yu + an

성모 유무에 따른 i · u · ü 철자 및 표기법

-ia · ya	-ua · wa	-üe · yue
-ie · ye	-uo · wo	-üan · yuan
-iao · yao	-uai · wai	
-ian · yan	-uan · wan	
-iang · yang	-uang · wang	
	-ueng · weng	

* /–i–/·/–u–/·/–ü–/ 등은 성모의 유무에 따라 철자가 다르며, 성모가 있을 경우 i·u·ü, 성모가 없을 경우 y·w·yu로 표기한다.

3 기타 복합운모의 철자

① i + ou → iou → –iu · you

성모 + i + ou → 성모 + iu
j + i + ou → jiu
i + ou → you

② u + ei → uei → –ui · wei

성모 + u + ei → 성모 + ui
d + u + ei → dui
u + ei → wei

③ i + en → ien → –in · yin

성모 + i + en → 성모 + in
j + i + en → jin
i + en → yin

④ u + en → uen → –un · wen

성모 + u + en → 성모 + un

q + u + en → qun

u + en → wen

⑤ ü + en → üen → –ün · yun

성모 + ü + en → 성모 + ün

q + ü + en → qun

ü + en → yun

⑥ i + eng → –ing · ying

성모 + i + eng → 성모 + ing

t + i + eng → ting

i + eng → ying

⑦ u + eng → ueng → –ong · weng

성모 + u + eng → 성모 + ong

t + u + eng → tong

u + eng → weng

⑧ ü + eng → üeng → –iong · yong

성모 + ü + eng → 성모 + iong

x + ü + eng → xiong

ü + eng → yong

2 얼화운(兒化韻)

「얼화운」이란 낱말 뒤에 'r'음을 붙인 것인데, 혀를 굴리는 소리를 말한다. '얼화운'의 유무는 말의 의미에 영향을 주지는 않고, 다만 억양만 달라진다. '얼화운'의 발음은 낱말을 구성하는 마지막 글자 음을 '권설음 + 비음'화하는 것인데, 북경·천진 등 동북방언을 제외한 북방지역의 방언에서 많이 사용하며, 남방방언에는 얼화운이 없다. 북경어를 표준으로 삼고 있는 현대 표준어와 방송보도 등 공식적인 언어사용에 있어서도 북경어의 특징인 얼화는 거의 쓰지는 않는다.

대만에서 출판된 중국어 교재에는 '儿(r)'화 자체가 없다. 그러나 중국대륙과 우리나라에서 출판된 중국어 교재에는 일반적으로 '儿(r)'화음을 부분적으로 다루며, 글자에 '儿'도 표기해 준다. 그러나 얼화운은 발음상의 문제이므로, 글자에 '儿'자를 표기하지 않는 것이 정석이다.

이 책에서는 교육적인 차원에서 글자에는 '儿'자를 붙이지 않고, 병음에서 '(r)'표기를 해주므로 발음에 '얼화'를 해도 되고 안해도 됨을 표시하였다.

yúzir (鱼子 물고기 알) → yú + zǐ + r → yú + zǐr

shìr (事 일) → shì + r → shìr

3 격음부호

성모 없이 a·e·o로 시작되는 음절이 다른 음절 뒤에 이어서 사용될 경우, 혼동을 피하기 위해 a·e·o 등 모음 앞에 따옴표의 도치된 / ' / 부호를 붙이는데, 이것이 격음부호다.

wǎn'ān! (晚安 굿 나이!) → wǎn + ān

xiè'ēn (谢恩 은혜에 감사하다) → xiè + ēn

내 실력체크 2

听 (tīng)

1. 발음과 일치하는 병음을 선택하시오. 녹음10

1) ai　　ya　　　2) ci　　chi

3) zhi　　zi　　　4) ong　　iong

5) yi　　ye　　　6) in　　ing

7) xuan　　xun　　　8) wei　　yue

9) yan　　yang　　　10) yao　　you

11) jiǒng　　jǐng　　　12) sūn　　sēn

2. 사성을 구분하시오. 녹음11

1) yín　　yǐn　　　2) yǒu　　yòu

3) yúshì　　yǔshì　　　4) hǎoma　　hǎo mǎ

5) nǐhǎo　　nǐhào

念 (niàn)

1. 사성 구분 녹음12

yī　　yí　　yǐ　　yì

wū　　wú　　wǔ　　wù

yū　　yú　　yǔ　　yù

zhī　　zhí　　zhǐ　　zhì

sī　　sí　　sǐ　　sì

rī　　rí　　rǐ　　rì

2. 2음절어(거의 한자어임) 녹음13

kōngzhōng (空中 공중)	jiāotōng (交通 교통)
zhōngguó (中国 중국)	yīngguó (英国 영국)
shīmǔ (师母 사모님)	zhēnpǐn (真品 진품)
yoōujiǔ (悠久 유구하다)	
yīnyuè (音乐 음악)	xiōngdì (兄弟 형제)
shíjiān (时间 시간)	máoyī (毛衣 털옷)
liúxué (留学 유학)	rénmín (人民 인민)
yóuyǒng (游泳 수영)	yímǔ (姨母 이모)
cíqì (瓷器 자기)	yúkuài (愉快 유쾌)
Běijīng (北京 북경)	xiaǎoxīn (小心 조심하다)
lǚxíng (旅行 여행)	lǐjié (禮节 예절)
jǐngchá (警察 경찰)	
kǒngzǐ (孔子 공자)	lǎozǐ (老子 노자)
bǎirì (百日 백일)	haǐ'àn (海岸 해안)
qìwēn (气温 기온)	sìfāng (四方 사방)
wànyī (万一 만일)	
kùnnán (困难 곤란)	jiàzhí (价值 가치)
fàguó (法国 프랑스)	
rìběn (日本 일본)	fùzǐ (父子 부자)
lìyòng (利用 이용)	wànshì (万事 만사)

회화편

第一课　你好!
dì yī kè　nǐ hǎo
제 1 과　안녕!

기본 문형

주 어 + 형용사

1. 妈妈 māma　忙 máng

서 술 어 + 吗 ?

2. 妈妈 māma　忙 máng　吗 ma

忙 máng 바쁘다, 공사다망(公私多忙)의 '망'자

새단어 生词 [shēngcí] 녹음14

- 第 dì 접 제…(기수 앞에서 서수를 나타냄)
- 一 yī 수 하나, 일
- 课 kè 명 양 수업, (제…)과
- 你 nǐ 인대 너
- 好 hǎo 형 좋다, 안녕하다
- 再 zài 부 다시, 또
- 见 jiàn 동 만나다
- 再见 안녕!(헤어질 때 인사말)
- 吗 ma 의조 …니까?
- 呢 ne 어조 …는 요?
- 我 wǒ 인대 나, 저
- 也 yě 부 역시, …도
- 老师 lǎoshī 명 선생(님)
- 您 nín 인대 당신
- 同学 tóngxué 명 동급생 (선생이 학생을 또는 동급생끼리 부르는 칭호. 앞에 성씨를 붙여 쓰기도 함.)
- 学生 xuéshēng 명 학생

제1과 회화 (会话 [huìhuà]) 녹음15

1 A：你好吗？
nǐ hǎo ma

B：好， 你呢？
hǎo, nǐ ne?

A：我也好.
wǒ yě hǎo

2 A：你好！
nǐ hǎo

B：你好！
nǐ hǎo

A：再见！
zàijiàn

B：再见！
zàijiàn

3 A：老 师：同 学 好！
lǎoshī： tóngxué hǎo

B：学 生：老 师， 您 好！
xuéshēng： lǎoshī, nín hǎo

A：老 师：再 见！
lǎoshī： zàijiàn

B：学 生：老 师， 再 见！
xuéshēng： lǎoshī, zàijiàn

문형

1 기본문형 : 형용사술어문

중국어와 우리말의 어순이 같다.

주 어	+	형용사
妈妈 māma		忙 máng

어머니께서는 바쁘다.

1	2

2 의문문 : '吗' 의문문

문장(긍정문 또는 부정문) 뒤에 "吗"자만 붙이면 의문문이 된다.

서 술 어		+	吗	?
你 nǐ	忙 máng		吗 ma	

너는 바쁘니?

용법과 표현

1 "你好吗?"를 직역하면 "당신 좋습니까?"라는 뜻인데, "안녕하세요?"라는 표현으로 사용된다. 의문조사 '吗'자를 생략하여 "你好!" 또는 "好!"로 인사해도 되며, 이런 경우 상대방도 "你好!" 또는 "好!"로 인사하면 된다. 이외에도, 아침 · 점심 · 저녁 등 인사말이 있다.

早(安)! = 早上好! Good morning (좋은 아침)
zǎo'(ān) zǎoshàng hǎo

午安! Good afternoon (좋은 오후)
wǔ'ān

晚(安)! = 晚上好 Good night (굿 나이!)
wǎn'(ān) wǎnshàng hǎo

2 주어가 일반명사 또는 복수를 나타내는 인칭대명사일 경우, "안녕하세요?"라는 인사말은 "주어+好" 문을 사용한다. "주어+好+吗?"문형을 사용하면 "잘 있는 지의 상황"을 묻는 말이 된다.

你们好!
nǐmen hǎo (당신들 안녕하세요)

大家好!
dàjiā hǎo (여러분 안녕하세요!)

大家 dàjiā 여러분

老师好吗?
lǎoshī hǎo ma (선생님은 안녕하십니까?)

3 '呢'자 용법

① "주어 + 呢?" 형: 축약형 의문형으로 "…는 요?"라는 뜻이다.

② 어미조사: 문미에 사용되며, '呢'자의 유무는 뜻과는 상관없고, 단지 억양만 달라진다.

学生多(呢)。
xuéshēng duō (ne)　　학생이 많다.

4 인칭대명사

제1인칭	제2인칭	제3인칭	
我(wǒ) 나, 저	您(nín) 당신 你(nǐ) 너 妳(nǐ) 너(여자를 가리킴)	他(tā) 그 它(tā) 그(무생물)	她(tā) 그녀 牠(tā) 그(동물)

* 복수형은 인칭대명사 뒤에 '们(men)'자만 붙이면 된다.

중국말의 특징

1. 중국어에는 높임말과 낮춤말의 구분이 없다.

상대에 따라서 높임말이 될 수 있고, 또 낮춤말이 될 수 있다. 통상적으로, ① 문두에 호칭을 붙이거나, 혹은 ② '您'자를 사용하거나, 의문문에 있어서는 ③ '请问(qǐngwèn: 말 좀 묻겠습니다)', '劳驾 (láojià: 수고합니다)' 등 인사말을 붙이면 높임말이 된다.

2. 중국어에는 띄어쓰기가 없고, 한 문장이 끝나면 콤마 또는 마침표, 의문표, 감탄표 등을 사용한다.

번역요령

우리말의 높임말과 중국어

중국어 앞에 오는 칭호 또는 칭호는 없지만 상대가 자신보다 윗사람일 경우, 높인말로 번역해야 한다. "老师, 再见"은 "선생님, 안녕"으로 표현해도 되고,"선생님, 안녕히 계십시오" 또는 "선생님, 안녕히 가십시오"의 표현도 된다.

문형과 표현 다지기

주 어 + 형용사

他 tā	坏 huài	(그는 나쁘다.) 1 2
教室 jiàoshì	大 dà	(교실은 크다.)
人 rén	多 duō	(사람이 많다.)

서 술 어 + 吗 ?

他 tā	坏 huài	吗 ma	(그는 나쁩니까?)
教室 jiàoshì	大 dà	吗 ma	(교실은 큽니까?)
人 rén	多 duō	吗 ma	(사람은 많습니까?)

내 실력체크

听(tīng)

1. 발음과 일치하는 병음을 선택하시오. 녹음16

1) wǒ máng	wǒ pàng	2) nǐ hǎo	nín hǎo
3) zǎo'ān	zǎo a	4) lǎoshī	lǎoshǔ
5) jiàoshì	jiàoyù	6) rén duō	rén hǎo
7) hǎo huài	hěn huài	8) tóngxué	tóngshì

说和写(shuō hé xiě)

1) A：你忙吗？

B：________

2) A：你好！

B：________

간자체 쓰기

한자	병음	필순
第	dì	丿 𠂉 𥫗 𥫗 ⺮ ⺮ 笃 笃 笃 第 第
一	yī	一
课	kè	丶 讠 讠 访 诇 诇 诨 误 课 课
你	nǐ	丿 亻 亻 𠆢 伱 伱 你
好	hǎo	𡿨 女 女 女 好 好
吗	ma	丨 冂 口 叮 吗 吗
再	zài	一 丆 冂 冃 再 再
见	jiàn	丨 冂 见 贝 见

한자	병음	필순
呢	nė	丨 冂 口 口ㄱ 口コ 叩 呢 呢
也	yě	乛 ⺊ 也
老	lǎo	一 十 土 耂 老 老
师	shī	丨 刂 リ 𠂆 师 师
您	nín	ノ 亻 亻 你 你 你 你 你 您 您 您
同	tóng	丨 冂 冂 同 同 同
学	xué	丶 丷 ⺍ ⺍ 龸 学 学 学
生	shēng	ノ 𠂉 仁 牛 生
我	wǒ	一 二 于 手 找 我 我

거대한 나라, 중국 엿보기

중국대륙은 세계 육지 총면적의 1/5, 아시아대륙의 1/4를 차지하고, 유럽 전체면적과 비슷하며, 러시아연방과 캐나다에 이어 세계에서 세 번째로 큰 나라로서, 우리나라의 96배나 된다. 그밖에 중국대륙과 양안정치(兩岸政治), 양안학술(兩岸學術) 등 관계를 나타내는 대만, 일국양제(一國兩制)의 홍콩, 중국인이 대다수를 차지하는 싱가포르, 그리고 "태양이 비추는 곳에는 모두 중국인이 있다"는 말과 같이 각 세계에 분포되어 있는 중국인, 즉 화교 등을 고려한다면 중국을 소개하기에는 너무 방대하고 무궁무진한 나라임은 틀림없다. 따라서 중국어 및 한자의 사용 또한 세계적으로 중요한 비중을 차지함과 아울러 한자권 나라(한국 · 일본 · 베트남 · 말레이시아 · 태국)의 한자 사용도 적지 않다. 우리나라 경우 우리말 어휘의 70% 이상이 한자어로 이루어져 있고 한자어의 대부분이 한자로만 표기하면 바로 중국어가 된다. 아시아에서는, 특히 동남아국가의 화교들이 해당 국가의 경제권을 쥐고 있어 폭동이 일어나면 현지의 화교들이 피해를 가장 많이 받는다. 그 중 태국을 다녀와서 느낀 바가 있다. 태국 거리에 나가보면 태국어는 물론 중국어로 된 상호가 작은 가게에서 백화점까지 심심치 않게 눈에 띈다. 파타야에 있는 호랑이공원에는 "라차용호공원입니다"라는 표시판이 있는데, 제일 윗줄에 태국어, 그 다음 중국어, 영어 순으로 되어 있다. 공원 길안내 표시판도 다르지 않다. 호랑이, 원숭이 등 동물쇼에 대한 설명도 영어와 중국어 두 개 언어를 사용해서 설명한다. 방콕 왕궁 부근의 수상시장을 배를 타고 가다보면 중국식의 불교 관련 정자가 세워져 있고, 중국인 관광객도 심심치 않게 만날 수 있다. 이와 같이 중국문화가 깊이 정착되어 있음을 알 수 있다.

공원 내의 길표시판

중국식 불교정자

http://www.elifeplus.co.kr 생활/교육→전문가 칼럼
「만리장성 길라잡이: 왕옥지」(2004년~2005년)에 수록된 글.

第二课　我是大学生

dì èr kè　wǒ shì dàxuéshēng

제 2 과　저는 대학생입니다.

기본 문형

주 어 + be동사 是 + 주격 보어

3. 我 (不) 是 大学生

wǒ (bú) shì dàxuéshēng

주 어 + be동사 是 + 주격 보어

4. 他 是 谁 ?　-의문대명사로 이룬 의문문

tā shì shéi

谁 shéi, shuí 누구, 누구입니까?

새단어 生词 [shēngcí] 녹음17

• 二	èr	수	둘, 이
• 是	shì	be동	…이다, 예
• 学生	xuéshēng	명	학생
• 大学(生)	dàxué(shēng)	명	대학(생)
• 不	bù	부	…이 아니다, …하지 않다
• 不是	bú shì		(…이) 아니다, 아니요
• 高中生	gāozhōngshēng	명	고등학생
• 谁	sheí	의대	누구, 누구입니까?
• 爸爸	bàba	명	아빠, 아버지

제2과 회화 (会话 [huìhuà]) 녹음18

1 A：你是学生吗？
nǐ shì xuéshēng ma

B：是，我是学生．
shì, wo shì xuéshēng

A：你是大学生吗？
nǐ shì dàxuéshēng ma

B：不是，我是高中生．
bú shì, wō shì gāozhōngshēng

2 A : 他是谁？
tā shì shéi

B : 他是我爸爸.
tā shì wǒ bàba

A : 他是你爸爸吗？
tā shì nǐ bàba ma

B : 是.
shì

문형

1 be동사술어문

'是'는 be동사로 "…이다"이며, be동사문의 어순은 우리말과 달리 '是'가 주어 뒤 주격보어 앞에 위치하고, 주어와 주격보어는 동격이어야 한다. 또 '是'는 회화체에서는 "예"라는 뜻으로도 사용된다.

주 어 + be동사 是 + 주격보어

她	是	王老师
tā	shì	wáng lǎoshī

그녀는 왕선생님/입니다.

1 3 2

王 wáng 임금, 왕(성씨)

A : 你是李老师吗?
nǐ shì lǐ lǎoshī ma (당신은 이 선생님입니까?)

B : 是, 我是李老师.
shì, wǒ shì lǐ lǎoshī (예, 저는 학생입니다.)

李 lǐ 이(성씨)

2 의문대명사로 이룬 의문문

누구 · 언제 · 무엇 · 어디 · 왜 · 어떻게 등 묻는 뜻을 내포한 단어는 단어이기도 하고, 단어 자체가 의문문의 표현을 갖는다. 이러한 단어를 의문대명사라고 하는데, 의문대명사의 위치는 고정되어 있지 않고, 서술문에서 단어가 나타내는 위치에 놓으면 된다.

주 어 + be동사 是 + 주격 보어

A : 你 是 谁?
nǐ shì shéi
당신은 누구/십니까?
1 3 2

B : 我 是 玉枝.
wǒ shì yùzhī
저는 옥지/예요.

玉枝(yùzhī)
(인명) 옥지

谁 是 老师?
shéi shì lǎoshī
누가 선생님/입니까?

문형과 표현 다지기

주 어 + 不 + be동사 是 + 주격 보어

你 是 学生 吗?
nǐ shì xuéshēng ma
너는 학생/이/니?

我 是 学生
wǒ shì xuéshēng
나는 학생/이다.
1 3 2

我 不 是 学生
wǒ bú shì xuéshēng
나는 학생이 아/니다.
1 4 2 3

주 어 + 不 + 형용사

成绩 (不) 好
chéngjì (bù) hǎo
성적이 좋다./ 성적이 안/좋다.
1 2 / 1 2 3

成绩 chéngjì 성적

주 어 + be동사 是 + 주격 보어

A：他 是 谁?
tā shì shéi
그는 누구/입니까?
1 3 2

B：他 是 我朋友.
tā shì wǒ péngyǒu
그는 나의 친구/입니다.
1 3 2

내 실력체크

听(tīng) 녹음19

1) lǐzi　　lìzi
2) guówáng　　jūnwáng
3) lǎozǐ　　lǎozi
4) yìsi　　yíshì
5) xuéxí　　xuéxi

说和写(shuō hé xiě)

1) A：他是王老师吗？

B：＿＿＿＿＿＿

2) A：他是＿＿＿＿？

B：他是我弟弟.

간자체 쓰기

한자	병음	필순
是	shì	丨 冂 日 日 旦 早 昰 是
大	dà	一 ナ 大
不	bù	一 丆 不 不
高	gaō	丶 亠 亠 亡 亩 产 声 高 高 高
中	zhōng	丨 冂 口 中
谁	shéi	丶 讠 讠 讠 讠 讠 讠 谁 谁 谁
爸	bù	ノ 八 ク 父 父 爷 爸 爸

第三课 你学什么?

dì sān kè nǐ xué shénme

제 3 과 너는 무엇을 배우니?

기본 문형

주 어 + 동 사 + 목적어

5. 我 (不 or 没) 学 汉语

wǒ (bù, méi) xué hànyǔ

나는 중국어를 안 배운다. (나는 중국어를 배우지 않았다)

새단어 生词 [shēngcí] 녹음20

• 三	sān	수	셋, 삼
• 学	xué	동	배우다
• 什么	shénme	의대	무엇, 무슨, 어떤
• 汉语	hànyǔ	명	한어, 중국어=中国语 zhōngguóyǔ
• 教	jiāo	동	가르치다
• 王	wáng	명	왕(성씨), 임금
• 难	nán	형	어렵다
• 太…	tài	부	매우, 너무
• 不太	bútài		그다지…하지 않다(부분 부정)
• 有意思	yǒuyìsi	형	재미있다
• 没(有)意思	méi(yǒu)yìsi	형	재미없다

제3과 회화 (会话 [huìhuà]) 녹음21

1 A：你 学 什 么？
nǐ xué shénme

B：我 学 汉 语.
wǒ xué hànyǔ

A：谁 教 你 们？
shéi jiāo nǐmen

B：王 老 师.
wáng lǎoshī

2 A : 汉 语 难 吗 ?
hànyǔ nán ma

B : 汉 语 不 太 难 .
hànyǔ bú tài nán

A : 有 意 思 吗 ?
yǒuyìsi ma

B : 有 意 思 . 你 呢 ?
yǒuyìsi, nǐ ne

A : 汉 语 没 (有) 意 思 .
hànyǔ méi(yǒu)yìsi

문형

1 동사술어문

중국어 동사문의 어순은 "동사+목적어"로, 우리말과 달리 동사는 주어 뒤 목적어 앞에 위치한다. 또한 우리말 "나는 학교에 가다"에서 '학교'는 목적어가 아니지만, 중국어에서는 "나는 밥을 먹다"와 "나는 학교에 가다" 등 문장은 모두 동사술어문이다.

주 어 + 동 사 + 목적어

我 学 汉语
wǒ xué hànyǔ
나는 중국어를 배운다.
1 3 2

我 去 学校
wǒ qù xuéxiào
나는 학교에 간다.

去 qù 가다
学校 xuéxiào 학교

2 부정문

중국어의 부정형은 '不'과 '没'을 사용하며, '不'은 현재부정 · 미래부정 · 사실부정과 '是'의 부정이며; '没'은 과거부정과 '有(있다)'의 부정을 나타낸다. 우리말에서 부정형은 동사 · 형용사 앞이나 뒤에 모두 올 수 있다. 즉 '안 …하다', '…하지 않다'. 그러나 중국어에서는 부정사인 '不'와 '没'의 위치는 동사 · 형용사 · be동사 앞에 위치한다.

부정사의 위치 : 주어 + 不(没) + 동사 + 목적어
주어 + 不 + 是 + 주격보어
주어 + 不 + 형용사

부정사의 사용법

不	현재 · 미래 · 사실 부정
	是의 부정
没	과제 시제 부정
	有(있다)의 부정

① 不 : 현재부정 · 미래부정 · 사실부정
没 : 과거부정

我不去学校.
wǒ bú qù xuéxiào　　나는 학교에 안 간다.
1 4 2 3 – 현재부정

我没去学校.
wǒ méi qù xuéxiào　　나는 학교에 가지 않았다.
1 4 3 2 – 과거부정

② 不 : 是의 부정
没 : 有(yoǔ 있다)의 부정

我不是学生
wǒ bú shì xuéshēng　　나는 학생이 아니다.

我没(有)钱.
wǒ méi (yǒu) qián　　나는 돈이 없다.

钱 qián 돈

* '예' · '아니요'의 '아니요' 즉, be동사 '是'자문의 부정형은 '不是'를 쓴다. 그러나 be동사 '是'자문이 아닌 기타 문형일 경우, 우리말에는 역시 '아니요'라는 표현을 쓰지만, 중국어에서는 '不是'를 쓰지 않고 '不'만 쓴다.

A: 你是老师吗?
nǐ shì lǎoshī ma — 당신은 선생님입니까?

B: 不是，我不是老师.
bú shì, wǒ bú shì lǎoshī — 아니요, 저는 선생이 아닙니다.

A: 汉语有意思吗?
hànyǔ yǒuyìsi ma — 중국어는 재미있습니까?

B: 不，汉语没意思.
bù, hànyǔ méiyìsi — 아니요, 중국어는 재미없습니다.

③ 부분부정

不太(bútài) — 그다지 …하지 않다

教室不小.
jiàoshì bù xiǎo — 교실은 작지 않다.

教室不太小.
jiàoshì bú tài xiǎo — 교실은 그다지 작지 않다.

문형과 표현 다지기

주 어 + 동 사 + 목적어

A：王老师　教　什么？
wáng lǎoshī　jiāo　shénme
왕선생님은 무엇을 가르칩니까?
1　3　2

B：她　教　汉语．
tā　jiāo　hànyǔ　그녀는 중국어를 가르칩니다.

A：你　去　哪儿？
nǐ　qù　nǎr　당신은 어디에 갑니까?
1　3　2

哪儿 nǎr 어디

B：我　去　商店(学校)．
wǒ　qù　shāngdiàn(xuéxiào)
저는 상점(학교)에 갑니다.

주 어 + 동 사 (是) + 목적어 (주격보어)

商店 shāngdiàn 상점

我　不(没)　去　学校．
wǒ　bú(méi)　qù　xuéxiào
나는 학교에 안 간다. / 나는 학교에 가지 않았다.

我 wǒ	不 bú	是 shì	学生. xuéshēng	나는 학생이 아니다.
我 wǒ	没 méi	有. yǒu	汉语书 hànyǔ shū	나는 중국어책이 없다.

书 shū 책

주 어 + 不太 + 형용사

人 rén	不 bù	多 duō	사람이 안 많다.
人 rén	不太 bú taì	多 duō	사람이 그다지 많지 않다.

人 rén 사람
多 duō 많다

내 실력체크

听(tīng) 녹음22

1) zhù nǐ	zù nǐ	2) jiànkāng	jiàngōng
3) xìngfú	xìngyùn	4) kuàilè	kělè
5) jìniàn	jīniàn	6) nà tiān	nǎ tiān
7) dāngrán	tiānrán	8) yíngxīn	yíngxǐ
9) shēngrì	shēngzì	10) kèqì	kèqi

说和写(shuō hé xiě)

1) Ⓐ：你学__________?

Ⓑ：我学汉语.

2) Ⓐ : 你去哪儿？

Ⓑ : ________________

百货店 bǎihuòdiàn 백화점

3) Ⓐ : 汉语没意思吗？

Ⓑ : ________________

간자체 쓰기

什	shén	丿 亻 亻一 什
么	me	丿 ㄥ 么
汉	hàn	丶 冫 氵 氵フ 汉
语	yǔ	丶 讠 讠一 讠丆 讠五 讠五 讠吾 语 语
教	jiāo	一 十 土 耂 考 孝 孝丿 孝𠂉 教 教
王	wáng	一 二 干 王
难	nán	フ 又 对 对丿 对亻 对亻丶 对亻丶一 难 难
太	tài	一 ナ 大 太

한자	필순
有 yǒu	一 ナ 𠂇 冇 有 有 有
意 yì	丶 亠 亠 亣 立 产 产 音 音 音 意 意 意
思 si	丨 冂 日 田 田 田 思 思 思
没 méi	丶 冫 氵 氵 沪 没 没

문화 이야기

경제르네상스시대를 맞이한 중국의 비선진국형 생활문화 엿보기

중국대륙만 해도 광활한 영토와 세계인구의 20%가 넘는 13억 인구를 보유하고 있을 뿐 아니라, 유구한 역사를 지닌 지구촌에서의 거대한 나라가 마치 깊은 잠에서 깨어난 사자와 같이 1980년대 문호개방 이후 30년 동안 비약적인 경제발전을 이룬 지금, 중국은 소련을 대신해 미국과 어깨를 나란히 하는 나라로 부상하면서 세계의 눈이 모두 중국으로 몰리고 있다. 대도시는 발전에 발전을 거듭하여 마치 건축의 교향곡처럼 도시를 화려하게 장식하고, 신세대 젊은이들은 지구 저편의 서구식 생활방식과 교육에 익숙해져 있다. 이러한 발전적이고 선진국적인 모습 저편에는 물론 아직도 미처 발전을 시키지 못한 부분도 많다(국민의 의식수준, 농촌지역의 생활수준 등등) 그러나 우리가 정말 이해하기 힘든 측면이 있는데, 바로 화장실문화를 들 수 있다. 농촌 또는 미발전지역에는 아직도 공중화장실을 쓰는 것까지는 이상할 것 없다. 이상한 것은 바로 화장실에 문이 없다는 사실이다. 더욱 이해가 안 가는 것은 북경 번화가 빌딩 내 현대식 화장실에도 똑같은 문 없는 화장실을 경험할 수 있다는 사실이다.

북경의 심장인 왕푸징(王府井)에서 서쪽으로 멀지 않는 곳, 대형 상가가 밀집해 있는 곳에, 한 빌딩건물 전체가 서점으로 이루어져 있고, 내부시설이 현대식으로 되어 있는 엄청난 규모의 시설을 갖춘 서점이다. 빌딩 안 화장실 역시 현대식이라 불편함이 없으나 중국사람을 제외한 외국인들이 화장실 문을 들어서자마자 똑같은 곤란한 상황에 처할 것이다. 한마디로 "황당함" 그 자체며, 넋이 약간 나가면서 머릿속으로 "어떻게 일을 보지…"라는 생각을 떠올리며 멍하게 서 있을 것이다. 화장실 문이 없다는 사실에 놀라운 광경을 만들어내고, 또 "어찌 세계 1등 국가를 지향하는 중국에서, 아니 동방예의지국인 중국에서 이럴 수가" 이 한 마디로 마침표를 찍을 것이다(2001년도의 상황). 그렇다고 중국의 모든 현대식 건물이 모두 이러하다는 것은 아니다. 여러 대소도시를 다녀 봐도 현대식 건물 안에 "문 없는 화장실"은 저 또한 흔히 볼 수 없었다. 나는 "중국의 문 없는 화장실"에 대해 의문표를 던졌다. 그 결과 내 나름대로의 답을 찾았다. 중국의 문 없는 화장실의 등장은, 아마도 공산주의 노선을 걷기 시작하면서일 것이라고 추측해 본다. 그 이유는 "비밀얘기를 방지하고 감시하는 차원"이 아닐까?

http://www.elifeplus.co.kr 생활/교육 → 전문가 칼럼
「만리장성 길라잡이:왕옥지」(2004년~2005년)에 수록된 글.

第四课　一，二，三，四
dì sì kè　yī èr sān sì
제 4 과　하나, 둘, 셋, 넷

기본 문형

주 어 + 부사(시간·장소·일반) + 동 사 + 목적어 + 了 과거시제

	주 어	부사	동 사	목적어	了
6.	上课 shàngkè		迟到 chídào		了. le
7.	咱们 zánmen	几点 jǐ diǎn	吃 chī	饭？ fàn	

새단어 生词 [shēngcí] 녹음23

• 今天	jīntiān	명 부	오늘
• 几	jǐ	의대	몇
• 月	yuè	명	월, 달(시간의 단위)
• 号	hào	명	일(시간의 단위 = 日 rì)
• 星期	xīngqī	명	요일
• 现在	xiànzài	명	현재, 지금
• 点	diǎn	명	점 , 시(시간 단위) = 时 shí 시
• 钟	zhōng	명	종, 시계(벽 또는 탁상시계)
• 两	liǎng	수	둘('2' 숫자 뒤에 양사가 올 경우 사용)
• 分	fēn	명	분(시간단위)
• 糟糕	zāogāo	감	야단났다, 아뿔싸
• 上	shàng	동	(수업)하다, (학교에) 가다, (학교에) 다니다, (차를) 타다
• 迟到	chídào	동 명	지각(하다)
• 了	le		과거시제를 나타냄
• 快	kuài	형 부	빠르다, 빨리
• 走	zoǔ	동	걷다, 가다
• 吧	ba	의조	…하죠, …하지, …이죠, …이지, …하자
• 差	chà	동 형	차이나다, 나쁘다, 형편없다
• 刻	kè	명	시간단위(一刻 yíkè 일각 15분)
• 整	zhěng	접미 형	정, 정각
• 咱们	zánmen	인대	우리
• 吃	chī	동	먹다
• 午饭	wǔfàn	명	점심밥, 점심식사
• 半	bàn		반(시간단위), 절반(一半 yíbàn)

숫자 녹음24

一	yī	(하나, 일)
二	èr	(둘, 이)
三	sān	(셋, 삼)
四	sì	(넷, 사)
五	wǔ	(다섯, 오)
六	liù	(여섯, 육)
七	qī	(일곱, 칠)
八	bā	(여덟, 팔)
九	jiǔ	(아홉, 구)
十	shí	(열, 십)

一百 yìbǎi (일백) : 우리는 '일백'을 '백'으로 많이 사용하지만, 중국어에는 반드시 '일백(一百)'을 써야 하며, '一'자를 생략할 경우, 단어의 의미를 파악하기 힘들게 된다.

요 일 녹음25

星期一 xīngqīyī 월요일

日	**一**	二	三	四	五	六
				1	2	3
4	5	6	7	8	9	10
11	12	13	14	15	16	17
18	19	20	21	22	23	24
25	26	27	28	29	30	31

星期二 xīngqī'èr 화요일

日	一	**二**	三	四	五	六
				1	2	3
4	5	6	7	8	9	10
11	12	13	14	15	16	17
18	19	20	21	22	23	24
25	26	27	28	29	30	31

星期三 xīngqīsān 수요일

日	一	二	**三**	四	五	六
				1	2	3
4	5	6	7	8	9	10
11	12	13	14	15	16	17
18	19	20	21	22	23	24
25	26	27	28	29	30	31

星期四 xīngqīsì 목요일

日	一	二	三	**四**	五	六
				1	2	3
4	5	6	7	8	9	10
11	12	13	14	15	16	17
18	19	20	21	22	23	24
25	26	27	28	29	30	31

星期五 xīngqīwǔ 금요일

日	一	二	三	四	**五**	六
				1	2	3
4	5	6	7	8	9	10
11	12	13	14	15	16	17
18	19	20	21	22	23	24
25	26	27	28	29	30	31

星期六 xīngqīliù 토요일

日	一	二	三	四	五	**六**
				1	2	3
4	5	6	7	8	9	10
11	12	13	14	15	16	17
18	19	20	21	22	23	24
25	26	27	28	29	30	31

星期天(日) xīngqītiān(rì) 일요일

日	一	二	三	四	五	六
				1	2	3
4	5	6	7	8	9	10
11	12	13	14	15	16	17
18	19	20	21	22	23	24
25	26	27	28	29	30	31

제4과 회화 (会话 [huìhuà]) 녹음26

1 A：今天几月几号？
jīntiān jǐ yuè jǐ hào

B：今天四月三十号.
jīntiān sì yuè sān shi hào

A：星期几？
xīngqī jǐ

B：星期六.
xīngqī liù

2 A：现在几点(钟)？
xiànzài jǐ diǎn (zhōng)

B：两点十分．
liǎng diǎn shí fēn

A：糟糕！ 上课迟到了．
zāogāo! shàngkè chídào le

B：你快走吧．
nǐ kuài zǒu ba

3 A : 几点(了)?
jǐ diǎn (le)

B : 差一刻十二点(整).
chà yí kè shí èr diǎn (zhěng)

A : 咱们几点吃午饭.
zánmen jǐ diǎn chī wǔfàn

B : 十二点半.
shí èr diǎn bàn

문형

1 '是'의 생략 문형

'是'가 생략된 문장을 흔히 '명사술어문'이라고도 한다. 주어 뒤의 술어가 명사로 이루어지기 때문이지만, 이런 '是'자 생략문의 부정형은 반드시 '是'자를 써야하므로 본인은 '是'자의 생략문으로 간주한다.

'是'자의 생략은 날짜 · 요일 · 시간 · 출신지 · 나이 · 가격 등과 관련된 표현에서 이루어진다.

주 어 + 不 + be동사 是 + 주격 보어

明天 七号.
míngtiān qī hào
(내일은 7일이다.)
1 2

明天 míngtiān 내일

明天 不 是 七号
míngtiān bú shì qī hào
(내일은 7일이 아니다.)
1 3 2

我 釜山人.
wǒ fǔshānrén
(나는 부산사람이다.)

我 不 是 釜山人.
wǒ bú shì fǔshānrén
(나는 부산사람이 아니다.)

釜山 fǔshān 부산

2 부사문

중국어에 있어, 부사의 위치는 우리말과 같이 주어 뒤에 놓인다.

주 어	+	부사 (시간·장소·일반)	+	능동사	+	동 사	+	목적어
咱们 zánmen		几点 jǐ diǎn				吃 chī		饭？ fàn
他们 tāmen		明天 míngtiaān				来 lái		韩国 hánguó

(우리는 몇 시에 밥을 먹니?)

(그들은 내일 한국에 온다.)

来 lái 오다
韩国 hánguó 한국

* 시간과 장소부사는 또 문두에 놓을 수도 있다.
  他们明天来韩国. → 明天他们来韩国.

용법과 표현

1 几(jǐ) : 몇

① '几(jǐ) 몇'은 단어로도 사용되고, 또 '几' 자체가 의문문이 되기도 하는데, '几' 뒤에는 반드시 양사를 써야 하며, 양사가 없으면 말이 안 될 정도다.

A : 你有几个?
nǐ yǒu jǐ ge
너는 몇 개가 있냐?

A : 你有几? (×)

B : 我有三个.
wǒ yǒu sān ge
나는 3개 있다.

B : 我有三. (×)

② 중국어에서 "몇 월 며칠"이란 말의 어순은 우리말과 일치하지만, "무슨 요일"이란 말은 우리말과 반대된다.

A : 几月几号?
jǐ yuè jǐ hào
몇 월 몇 일이냐?
1 2

B : 九月六号.
jiǔ yuè liù hào
9월 6일.

A : 星期几?
xīngqī jǐ
무슨 요일이냐?
2 1

B：星期天？
xīngqītiān
일요일.

2 '了'자 용법

① 과거시제를 나타내는 '了'

중국어에서 과거시제는 '了'자를 문미 또는 동사 · 형용사 뒤에만 붙이면 된다. '문미+了'형은 평술어를 나타내고, '동사+了'형은 강조 또는 동작의 긴박감을 나타내며, '형용사+了'인 경우 형용사가 동사화된다.

주 어	+	동 사	+	목적어	+	了
我 wǒ		去 qù		学校 xuéxiào		了 le

나는 학교에 갔다.
1 3 2

② 변화를 나타내기도 하는데, 이 때 '了'자는 문미에 오며, 있어도 되고 없어도 된다. '了'를 붙일 경우 우리말의 '…가 되었다'라는 의미가 내포되고 강조적인 어기를 나타낸다.

주 어	+	목적어	+	了
现在 xiànzài		几点 jǐ diǎn		(了)? (le)

지금 몇 시냐?
지금 몇 시가 되었니?

3 15분 · 45분의 표현으로는 대체로 一刻 · 三刻 또는 15分 · 45分을 쓴다. 30분의 표현으로는 30分 또는 半을 즐겨 쓰며 两刻을 대체로 쓰지 않는다.

4 '兩'자의 용법

숫자 '2' 뒤에 양사 단위가 오면, 습관적으로 '二'를 쓰지 않고, '两'을 써야 한다. 대체로 우리말의 '둘'이란 개념을 갖는다.

两张.
liǎng zhāng (두 장)

两个
liǎo ge (두 개)

십 단위 앞에 '2', 즉 20은 '二十'으로 써야 하고, 백단위 이상, 즉 2백은 원래 '二百'를 쓰지만, 중국 남방 습관의 영향으로 '二百' 또는 '两百' 모두 사용이 가능하다. 2천, 2만 등에 있어서는 '两千(qiān 천)', '两万(wàn 만)'을 쓴다.

5 …吧 …하죠(하지, 하군), …이죠(이지), …하자

'吧'자는 문미에 놓여 자신의 의견을 나타내면서 상대방의 의견을 구하는 의문조사이다.

我们走吧.
wǒmen zǒu ba 우리 가자.

6 '咱们(zánmen)'과 '我们(wǒmen)'의 구분

'咱们(zánmen)'과 '我们(wǒmen)'은 모두 '우리'라는 뜻이지만, '咱们'은 상대방을 포함한 '우리', '我们'은 상대방을 포함하지 않는 '우리'이다.

번역요령

'上课'는 '수업하다'는 뜻인데, 뒤에 '迟到了(지각했다)'가 오면서 '수업하는데 지각했다'라는 표현이 된다.

문형과 표현 다지기

주 어 + 不 + be동사 是 + 주격 보어

我 釜山人.
wǒ fǔshānrén
저는 부산사람입니다.

我 不 是 釜山人.
wǒ bú shì fǔshānrén
저는 부산사람이 아니다.

后天 几月几号?
hòutiān jǐ yuè jǐ hào
모레는 몇 월 며칠입니까?

后天 hòutiān 모레

后天 十月四号.
hòutiān shí yuè sì hào
모레는 10월 4일입니다.

后天 不 是 十月四号.
hòutiān bú shì shí yuè sì hào
모레는 10월 4일이 아닙니다.

明天 星期几?
míngtiān xīngqī jǐ
내일은 무슨 요일입니까?

明天 星期五
míngtiān xīngqīwǔ
내일은 금요일입니다.

明天 不 是 星期五
míngtiān bú shì xīngqīwǔ
내일은 금요일이 아닙니다.

주 어 + 동 사 + 목적어 + 了

他 下 课 了.
tā xià kè le
그는 수업을 마쳤다.

上课 shàngkè 수업하다
下课 xiakè 수업마치다

他 上 班 了.
tā shàng bān le
그는 출근을 했다.

上班 shàngbān 출근하다
下班 xiàbān 퇴근하다

他 上 车 了.
tā shàng chē le
그는 차를 탔다.

上车 shàngchē 차를 타다
下车 xiachē 차에서 내리다, 하차(하다)

今天 下 雨 (了).
jīntiān xià yǔ (le)
오늘은 비가 온다./ 오늘은 비가 왔다.

下雨 xiayǔ 비가 온다,
비가 내리다

A : 你 吃 饭 吗?
nǐ chī fàn ma
너 밥 먹을 거니?

B : 我 不 吃 (饭)
wǒ bù chī (fàn)
나는 (밥을) 안 먹어.

A : 你 吃 饭 了 吗?
nǐ chī fàn le ma
너 밥 먹었니?

B : 我 没 吃 (饭)
wǒ méi chī (fàn)
나는 (밥을) 안 먹었다.

주 어 + 부 사 (시간·장소·일반) + 동 사 + 목적어

他们 三十号/晚上/七点 到 釜山.
tāmen sān shí hào wǎnshàng qī diǎn dào fǔshān
그들은 30일 저녁 7시에 부산에 도착한다.

晚上 wǎnshàng 저녁
到 dào 도착하다

내 실력체크

听(tīng) 녹음27

1) 09:10	09:40	2) 11:30	11:20
3) 02:05	06:05	4) 01:15	07:15
5) 02:20	10:20	5) 08:45	09:15
7) 05:30	05:40	8) 06:10	09:04
9) 12:00	11:00	10) 10:00	04:00

说和写(shuō hé xiě)

1) 现在

2) A：今天几月几号？

B：

3) A：星期几？

B：

日	一	二	三	四	(五)	六
				1	2	3
4	5	6	7	8	9	10
11	12	13	14	15	16	17
18	19	20	21	22	23	24
25	26	27	28	29	30	31

(日)	一	二	三	四	五	六
				1	2	3
4	5	6	7	8	9	10
11	12	13	14	15	16	17
18	19	20	21	22	23	24
25	26	27	28	29	30	31

日	一	二	(三)	四	五	六
				1	2	3
4	5	6	7	8	9	10
11	12	13	14	15	16	17
18	19	20	21	22	23	24
25	26	27	28	29	30	31

간자체 쓰기

글자	병음	필순
今	jīn	丿 人 亽 今
天	tiān	一 二 于 天
几	jǐ	丿 几
月	yuè	丿 几 月 月
号	hào	丨 冂 口 旦 号 号
星	xīng	丨 冂 日 日 旦 早 星 星 星
期	qī	一 十 廾 廾 甘 其 其 其 期 期 期 期
现	xiàn	一 二 干 王 玑 玑 玑 现

在	zài	一 ナ 𠂇 𠂇 在 在 在
点	diǎn	丨 ⺊ ⺊ 占 占 占 点 点 点
钟	zhōng	ノ 𠂉 𠂉 𠂉 钅 钅 钔 钔 钟
两	liǎng	一 丆 冂 丙 丙 两 两
刻	kè	丶 亠 亠 亥 亥 亥 亥 刻
分	fēn	ノ 八 分 分
半	bàn	丶 丷 兰 兰 半
糟	zāo	丶 丷 丷 半 米 米 米 粬 粬 糟 糟 糟 糟 糟 糟 糟 糟
糕	gāo	丶 丷 丷 半 米 米 米 料 料 粁 糕 糕 糕 糕 糕 糕

上 shàng	丨 卜 上
迟 chí	㇇ ㇋ 尸 尺 㞾 迟 迟
到 dào	一 ㄗ 㐅 互 至 至 到 到
了 le	㇇ 了
快 kuài	丶 忄 忄 忄 忄 快 快
走 zǒu	一 十 土 丰 丰 走 走
吧 bà	丨 口 口 口 口 口 吧
差 chà	丶 丷 䒑 兰 兰 差 差 差 差
整 zhěng	一 ㄧ 亓 亓 束 束 束 束 敕 敕 敕 整 整 整 整 整

咱 zán	丨 冂 口 口' 叩 咱 咱 咱 咱
们 mėn	ノ 亻 亻 们 们
吃 chī	丨 冂 口 口' 吅 吃
饭 fàn	ノ ⺈ 饣 饣 饤 饭 饭

第五课 生日快乐！

dì wǔ kè shēngrì kuàilè

제 5 과 생일 축하해!

기본 문형

주 어 + (동사, 형용사, 是) 긍정+부정 + 목적어, (주격보어) ?

8. 你 忙不忙?
nǐ máng bu máng

주 어 + 부 사 (시간·장소·일반) + 능동사 + 동 사 + 목적어

9. 我们 当然 能 去
wǒmen dāngrán néng qù

새단어 生词 [shēngcí] 녹음28

• 忙	máng	형	바쁘다
• 那	nà	지대	그, 저
• 天	tiān	명 양	하늘, 날, 날을 세는 양사(一天 하루, 兩天 이틀)
• 能	néng	능동	(…를) 할 수 있다(…할 능력 또는 가능성이 있다), 본능적으로 …를 할 줄 안다, (…해도) 된다.
• 来	lái	동	오다
• 家	jiā	명	집
• 有	yǒu	동	있다, 소유하다
• 事	shì(r)	명	일
• 过	guò	동	지내다, 지나다
• 那(么)	nà(me)		그럼, 그렇다면
• 生日	shēngrì	명	생일
• 当然	dāngrán	부 형	당연히, 당연하다
• 去	qù	동	가다
• 欢迎	huānyíng	명 동	환영(하다)
• 人	rén	명	사람
• 在	zài	동	(…에) 있다, 계시다
• 啊	ā	감	아!
• 祝	zhù	동	축하하다, 바라다
• 快乐	kuàilè	형	즐겁다, 유쾌하다
• 这	zhè	지대	이
• 蛋糕	dàngāo	명	케이크
• 的	de	조	…의(형용사수식어에 사용)
• 礼物	lǐwù	명	선물
• 谢谢	xièxie	동	고맙다

• 请	qǐng	동	…하세요(격식 있는 표현)
• 进	jìn	동	들어오다(进来), 들어가다(进去)
• 先	xiān	부	먼저
• 喝	hē	동	마시다
• 茶	chá	명	차
• 不客气	búkèqi		별말씀을요, 괜찮습니다(격식을 차리는 표현)

제5과 회화 (会话 [huìhuà]) 녹음29

1 A：星期天，你们忙不忙？
xīngqītiān, nǐmen máng bu máng

B：不太忙.
Bú tài máng

A：那天，能不能来我家？
nà tiān, néng bu néng lái wǒ jiā

B：有什么事？
yǒu shénme shì(r)

A：那天，我过生日.
nà tiān, wǒ guò shēngrì

B：那么，当然能去.
nàme, dāngrán néng qù

A：欢迎！欢迎！
huānyíng! huānyíng!

2 B：有人在吗？
yǒu rén zài ma

A：啊！你们来了.
ā！ nǐmen lái le

B：(祝你)生日快乐！这是生日蛋糕
(zhù nǐ) shēngrì kuàilè！ zhè shì shēngrì dàngāo

C：这是我们的礼物.
zhè shì wǒmen de lǐwù

A：谢谢！请进！请先喝茶.
xièxie！ qǔng jìn！ qǐng xiān hē chá

B：谢谢！
xièxie！

A：不客气.
búkèqi

문형

1 정반의문문

동사 · 형용사 · be동사 '是' 등이 '긍정+부정'형을 이루는 의문문이다. 일반적으로 '긍정+부정'형으로 구사하지만, 부정형을 긍정형에 이어 쓰지 않고 문미에 놓아 문장을 구사할 수도 있다. 이러한 문형은 '吗'자 의문구와 교체 사용할 수 있다.

주 어 + (동사, 형용사, 是) 긍정+부정 + 목적어, 주격보어 ?

你	看不看	京剧?	
nǐ	kàn bu kàn	jīngjù	

당신은 경극을 봅니까? 안 봅니까?

1 3 2

你	看	京剧	不看?
你	看	京剧	吗?

二十八号	是不是	星期日?	
èr si bā hào	shì bu shì	xīngqīrì	

28일은 일요일이니 아니니?

二十八号	是	星期日	不是?
二十八号	是	星期日	吗?

2 능동사문

중국어에서 '…할 수 있다', '…하고 싶다', '…해도 된다' 등 능원동사의 위치는 동사 앞에 오며, 능동사문의 부정형은 능동사 앞에 '不' 또는 '沒'을 붙인다. 능동사가 있는 '긍정+부정'형 정반의문문일 경우 능동사를 '긍정+부정'으로 해야 한다.

능동사문의 어순 :	주어 +	부사 +	능동사 +	동사 +	목적어	
우리말 어순 :	1	2	5	4	3	
능동사문의 부정형 :	주어 +	부사 +	不(沒) +	능동사 +	동사 +	목적어
우리말 어순 :	1	2	6	5	4	3

주어 + 능동사 + 동사 + 목적어

주어	능동사	동사	목적어
你 nǐ		来不来 lái bu lái	我家？ wǒ jiā

(당신은 우리 집에 옵니까? 안 옵니까?)

1 3 2

주어	능동사	동사	목적어
你 nǐ	能不能 néng bu néng	来 lái	我家？ wǒ jiā

(당신은 우리 집에 올 수 있습니까? 올 수 없습니까?)

1 4 3 2

용법과 표현

1 구조조사 '的'자 용법

① 명사를 앞에서 수식하는 수식어를 형용사 수식어, 또는 한정어라고 하는데, 중국어에서는 단어 뒤에 '的'자만 붙이면 형용사 수식어가 된다.

단어的 + 명사

我的书包.
wǒ de shūbaō (나의 책가방)

勇敢的人
yǒnggǎn de rén (용감한 사람)

美丽的女人.
měilì de nǚrén (아름다운 여인)

买的书.
mǎi de shū (구매한 책)

书包 shūbaō 책가방

勇敢 yǒnggǎn 용감하다

美丽 měilì 아름답다
女人 nǚrén 여인

买 mǎi 구매하다
书 shū 책

② '的'의 생략 여부

가족과 학교 등 자신과 밀접한 관계가 있는 대상일 경우, 생략해도 되고, 안 해도 된다. 그러나 생략하는 것이 매끄럽다.

我 (的) 妹妹.
wǒ (de) mèimei (나의 여동생)

我 (的) 学 校.
wǒ (de) xuéxiào (나의 학교)

③ 일반 사물일 경우, 반드시 '的'자를 써야 한다.

我的汉语书.
wǒ de hànyǔ shū

我汉语书. (×)

书 shū 책

번역요령

두 문장으로 이루어지는 복문일 경우, 한국어에서는 앞뒤 문장이 어미활용을 통해 이어지므로, 이어지는 말로 구사하는 것이 더욱 매끄럽지만, 중국어에서는 두 문장을 각각 독립된 문장으로 구사하여 두 문장 사이에는 콤마로 이어주면 된다. 그러므로 중국어 복문을 한국어로 번역할 때 앞 문장의 어미를 이어주는 말로 번역하는 요령이 필요하다.

"汉语不太难"은 "중국어는 그다지 어렵지 않다"는 뜻인데, 뒤에 '有意思(재미있다)'가 오므로 "중국어는 그다지 어렵지 않고 재미있다"로 번역하는 것이 더욱 매끄럽다.

문형과 표현 다지기

주 어 + (동사, 형용사, 是) 긍정+부정 + 목적어, 주격보어 ?

1. 天气 冷不冷？
tiānqì lěng bu lěng
(날씨는 덥니 안 덥니?)

2. 他 是不是 学生？
tā shì bu shì xuéshēng
(그는 학생이니 아니니?)

天气	tiānqì	날씨
冷	lěng	춥다
热	rè	덥다

3. 你 吃不吃 饭？
nǐ chī bu chī fàn
(당신은 식사 하시겠습니까 안 하시겠습니까?)

饭 fàn 밥, 식사

你 吃没吃 早饭？
nǐ chī méi chī zǎofàn
(당신은 아침식사 했습니까 안 했습니까?)

早饭 zǎofàn 아침밥, 아침식사

주 어 + 능동사 + 동 사 + 목적어

我 不 能 上 课
wǒ bù néng shàng kè
(나는 수업을 할 수 없다.)

你 能不能 喝 酒？
nǐ néng bu néng hē jiǔ
(당신은 술을 드실 수 있습니까 없습니까?)

酒 jiǔ 술

내 실력체크

听(tīng) 녹음30

1) wǒ jiā	guòjiāng	2) nà tiān	nǎ tiān
3) zhù nǐ	zhù nín	4) kuàilè	kuaì ne
5) dàngāo	dāngqián	6) yíngxīn	yíngjiē
7) xièxie	xià xuě	8) jīngjù	huàjù
9) nóngfu	nóngshì	10) meǐlì	meǐlín

说和写(shuō hé xiě)

1) Ⓐ：谢谢!

Ⓑ：______

2) Ⓐ：____________？(정반의문문형)

Ⓑ：不太忙.

3) Ⓐ：你能不能来?

Ⓑ：______________

간자체 쓰기

忙 máng	丶 忄 忄 忙 忙 忙
那 nà	㇆ ㇇ 彐 冄 那 那
天 tiān	一 二 于 天
能 néng	𠃋 厶 ... 能 能
来 lái	一 ... 平 来 来
家 jiā	丶 ... 家 家
有 yǒu	一 ナ 冇 有 有 有
事 shì	一 ... 事

汉字	拼音	笔顺
过	guò	一 寸 寸 寸 过 过
日	rì	丨 冂 日 日
当	dāng	丨 丬 丬 当 当 当
然	rán	丿 夕 夕 夕 夕 外 外 外 外 然 然 然
去	qù	一 十 土 去 去
欢	huān	乛 又 又 欢 欢 欢
迎	yíng	′ 卬 卬 卬 卬 迎 迎
人	rén	丿 人
在	zài	一 ナ 才 存 在 在

한자	병음
啊	a
祝	zhù
快	kuài
乐	lè
这	zhè
蛋	dàn
糕	gāo
的	de
礼	lǐ

한자	병음
物	wù
谢	xiè
请	qǐng
进	jìn
先	xiān
喝	hē
茶	chá
客	kè
气	qì

문화 이야기

우리의 한식은 중국에도 있을까?

'한식'이라 하면, 아마도 대부분 사람들이 그저 우리의 음식인 한식(韓食)으로 생각할 것이지만, 사실은 여기에서 말하고 싶은 '한식'은 우리의 음식 한식이 아니라 설, 추석, 단오절과 함께 우리나라의 4대 명절인 한식(寒食)날, 즉 동지 후 105번째 되는 날을 가리키며, 이 날은 불을 피우지 않고 찬 음식을 먹는 풍습이 있다. 그러나 단오절과 아울러 한식날은 조선시대 이후로 우리나라에서는 중요시하지 않는다. 그 원인은, 이들 명절의 유래에서 찾아 볼 수 있다. 단오절과 한식날은 모두 중국에서 전해져 왔고, 단오절은 중국 초나라의 굴원(屈原), 한식날은 춘추시대 진나라의 개자추(介子推)를 기념하기 위한 날이기 때문이다.

춘추전국시대 진헌공(晉獻公)의 아들 중이(重耳)는 계모의 박해를 피해 개자추 등 여러 신하와 위(魏)나라로 피신해 밥조차도 먹지 못해 절망하고 있을 때, 개자추는 자신의 넓적다리 살을 베어 산토끼 고기라고 속여 중이에게 구워 먹였다. 19년 이후, 중이는 진나라로 돌아가 왕위에 올랐는데, 그가 바로 진문공(晉文公)이다. 그는 공덕에 따라 공신들에게 상을 내렸으나, 개자추의 은공은 잊은 채, 소홀히 대했다. 그 후 진문공이 이전 일을 생각해내 개자추에게 높은 벼슬을 시키려고 친히 개자추를 청하러 갔으나, 그는 이미 홀어머니를 모시고 면산(綿山)으로 숨어버렸고, 끝내 찾지를 못했다. 진문공은 개자추가 효자임을 알고, 불을 지르면 어머니를 모시고 나올 것이라고 생각하고 명을 내려 산에 불을 질렀다. 불은 3박 3일 동안 계속 탔지만, 결국 개자추는 나오지 않고, 홀어머니와 버드나무 밑에서 불에 타죽고 말았다. 버드나무 구멍에서 개자추가 남긴 옷자락을 발견했는데, 위에는 한 편의 시가 혈서로 쓰여 있었다. 혈서 마지막 구절에는 정치를 맑고 깨끗하게 하기를 바라는 뜻에서 '청명(淸明)'을 강조했다. 진문공은 감동해서 통곡을 했으며, 면산을 개산(介山)이라 칭하고 사당을 세워 그를 기념했다. 그리고 개자추가 불타 죽은 날을 "한식절(寒食節)"로 정하고, 이 날에는 불을 금하고 찬 음식을 먹게 했다. 3년 뒤 세 번째 한식날, 진문공은 신하와 함께 개자추의 제사를 지내려고 개산을 찾았는데, 그 당시 불에 타버린 버드나무가 다시 살아났다. 그러므로 그 버드나무를 '청명류(淸明柳)'라 칭했다. 한식날은 바로 청명절 전 날이고, 청명은 24절기의 하나로서 양력 4월 5일 전후가 되며, 중국 사람은 이 절기를 매우 중요시 여긴다. 이 절기는

추운 겨울이 가고, 화초가 자라는 시기로 농업생산과도 밀접한 관계가 있으며, 전하고 있는 많은 풍습 중의 하나가 바로 한식날이다. 우리나라에서 한식날이 민간풍습에서 멀어진 것과 같이, 중국에서도 하루차이인 한식날과 청명절의 구분이 점차 없어지므로 청명절이 한식날을 대신하게 되었고, 이 날 중국인들은 조상의 묘를 돌보는 날이 되었다. 2004년 4월 2일과 3일 사이 베이징의 성묘객은 80만 명에 달한 한편 3월 17일 중국 베이징의 대학생들은 숨진 쯔아오쯔양 전 중국공산당 총서기에 대한 공개 추도회를 4월 5일 청명절에 베이징 천안문광장에서 열자는 제안을 발표해, 중국 정부를 긴장시켰으며, 4월 5일 청명절날, 쯔아오쯔양을 추모하는 민중의 조문 행렬을 강제 저지했다고 대만 중앙사가 보도했다.

4월 5일, 이때가 나무심기에 알맞은 시기로, 우리나라에서는 양력 4월 5일을 식목일로 정했다. 비록 잊혀 가는 한식날이지만, 한식날에 비가 오면 그 해는 풍년이 든다는 속설이 있으니, 여러분 한식날을 기억했다가 비가 오는 지를 살펴, 그 해 풍년이 드는지 관찰해보는 것도 재미있을 것 같은데, 여러분의 생각은 어때요?

청명 연놀이

성묘

장족(壯族)의 청명절음식 오색찰밥

(http://image.baidu.com에서 사진 인용)

http://www.elifeplus.co.kr 생활/교육 → 전문가 칼럼
「만리장성 길라잡이:왕옥지」(2004년~2005년)에 수록된 글.

第六课　我姓朴

dì liù kè　wǒ xìng piáo

제 6 과　저의 성은 박가입니다.

새단어 生词 [shēngcí] 녹음31

- 姓 xìng 명 동 성씨, … 성씨이다, 성이 …이다.
- 金 jīn 명 김(성씨), 금
- 名 míng 동 이름이 ××다
- 秀丽 xiùlì 형 수려하다, 수려한, 아름답고 빼어나다.
- 叫 jiào 동 외치다, 부르다, 이름이 …이다
- 名字 míngzì 명 이름
- 朴 piáo 명 박(성씨)
- 勇敢 yǒnggǎn 명 형 용감(하다)
- 都 dōu 부 모두
- 对 duì 옳다, 맞다 = 是 shì 예
- 贵 guì 형 비싸다
- 贵姓 guìxìng 명 성함, 존함(贵 귀중한)
- 李 lǐ 명 이(성씨)
- 菊花 júhuā 명 국화
- 认识 rènshì 동 알다
- 很 hěn 부 매우
- 高兴 gāoxìng 형 기쁘다
- 阿 a 어조 어기조사, ā(감) 아!

제6과 회화 (会话 [huìhuà]) 녹음32

1 A：你姓什么？
nǐ xìng shénme

B：我姓金， 名秀丽
wǒ xìng jīn, míng xiù lì

A：他叫什么名字？
tā jiào shénme míngzì

B：他叫朴勇敢.
tā jiào piáo yǒnggǎn

A：你们都是学生吗？
nǐmen dōu shì xuéshēng ma

B：对！
duì !

2 A：您贵姓？
nín guì xìng

B：我姓王，您呢？
wǒ xìng wáng, nín ne

A：我姓李，名菊花.
wǒ xìng lǐ, míng júhuā

B：认识您，很高兴(啊).
rènshì nín, hěn gaāoxìng (a)

용법과 표현

1 이름 관련 표현

우리말 '저의 이름은 ××× 입니다'라는 표현은 be동사문으로 중국어 '是'자문을 써야 하지만, 중국어에서는 '姓' · '名' · '叫' 등 동사문을 쓴다. 우리처럼 "我的名字是×××"로 써도 틀린 문장은 아니지만, 표현이 달라진다.

"您贵姓"은 성함을 묻는 높임말로, 보통 윗사람이나 연배가 있는 사람, 또는 격식 있는 자리에서 경어로 사용된다. 손아래 사람이나 비슷한 연령끼리 격식을 차리지 않을 경우 "你姓什么?"로 물어본다.

A : 小朋友, 你姓什么?
xiǎo péngyǒu, nǐ xìng shénme (얘야, 너의 성이 뭐니?)

B : 我姓金.
wǒ xìng jīn (저는 김가입니다.)

"您贵姓", "你姓什么" 등 '姓'으로 물을 경우, 성씨만 대답하거나, 성을 대답한 후 '名' 또는 '叫'를 써서 이름을 말해도 된다. 그리고 "你叫什么(名字)"인 '叫'로 물을 경우, 성과 이름을 이어서 대답하면 된다.

你叫什么(名字)?
nǐ jiào shénme míngzi (당신은 무슨 이름으로 불립니까?)
(당신의 이름은 무엇입니까?)

我叫王玉枝.
wǒ jiào wáng yù zhī (저의 이름은 왕옥지입니다.)

* "我是王玉枝 (저는 왕옥지입니다.)"는 이름에 중점이 있는 것이 아니라, '저는 왕옥지란 사람이다'라는 표현이다.

2 '啊'자 용법

① 감탄사 표현: 성조에 따라 화자(话者)의 당시 마음과 처해 있는 상황을 나타낸다. 1성은 기쁨을, 2성과 3성은 의혹, 4성은 긍정을 나타낸다.

啊! 你来了.
ā! nǐ lái le (아! 오셨습니까.)

② 어기조사. 문미에 오며, '啊'자는 아무런 의미가 없으므로 있어도 되고 없어도 된다. 단 억양을 부드럽게 해준다.

是(啊)!
shì(a) (예)

문형과 표현 다지기

주 어	부사 (시간·일반)	능동사	동 사 (是)	목적어 (주격보어)
他们 tāmen	都 dōu		是 shì	学生 xuésheng

그들은 모두 학생이다.

我们 wǒmen	也 yě		听 tīng	音乐. yīnyuè

우리들도 음악을 듣는다.

听 tīng 듣다
音乐 yīnyuè 음악

哥哥 gēge	天天 tiāntiān	要 yào	上 shàng	班. bān

오빠(형)는 매일 출근해야 한다.

天天 tiāntiān 매일(= 每天 měitiān, 每日 měirì)
要 yào …해야 한다, …하려고 한다

我们 wǒmen	明天/都 míngtiān dōu	能 néng	去 qù	学校 xuéxiào

(우리는 내일 모두 학교에 갈 수 있다.)

1 2 3 6 5 4

내 실력체크

听(tīng) 녹음33

1) nín ne	nǐ ne	2) júhuā	lánhuā
3) míngzì	míngzi	4) rén ma	rén mǎ
5) yǒnggǎn	yǒngzàn	6) jiǔyǎng	jiǔguǎnr
7) dōu shì	dūshì	8) zhōngguó	zhōngzhēng

说和写(shuō hé xiě)

각자의 상황에 따라 답하시오.

1) Ⓐ : 您贵姓?

Ⓑ : ________________

2) Ⓐ : 你叫什么名字?

Ⓑ : ________________

간자체 쓰기

글자	병음	획순
姓	xìng	ㄑ 女 女 女' 女̄ 女̄ 姓 姓
金	jīn	ノ 𠆢 𠆢 今 今 余 余 金
名	míng	ノ ク タ 夕 名 名
秀	xiù	一 二 千 禾 禾 禾 秀
丽	lì	一 丅 丆 丙 丽 丽 丽
叫	jiào	丨 ㄇ 口 口丨 叫
字	zì	丶 丷 宀 宀 字 字
朴	piáo	一 十 木 木 朴 朴

한자	필순
勇 yǒng	勇
敢 gǎn	敢
都 dōu	都
对 duì	对
贵 guì	贵
李 lǐ	李
菊 jú	菊
花 huā	花
认 rén	讠 认

识	丶 讠 讠 讠 识 识 识
shì	
很	ノ ㇀ 彳 彳 彳 彳 很 很 很
hěn	
高	丶 亠 亠 亠 亠 亠 高 高 高 高
gāo	
兴	丶 丷 丷 丷 兴 兴
xìng	

第七课　你们是哪国人？

dì qī kè　nǐmen shì nǎ guó rén

제 7 과　너희들은 어느 나라 사람이니?

새단어 生词 [shēngcí] 녹음34

• 哪	nǎ	의대	어느, 어떤
• 国	guó	명	나라, 국가(国家 guójiā)
• 韩国	hánguó	명	한국
• 中国	zhōngguó	명	중국
• 会	huì	능동	(…를) 할 줄 안다(배워서 할 줄 아는 것을 말함.)
• 说	shuō	동	말하다
• 韩语	hányǔ	명	한국어
• 懂	dǒng	동	이해하다
• 真的	zhēn de		정말이에요
• 了不起	liǎobuqǐ		대단하다.
• 日本	rìběn	명	일본
• 日语	rìyǔ	명	일본어
• 真	zhēn	부	정말
• 过奖	guòjiǎng		과찬이다

제7과 회화 (会话 [huìhuà]) 녹음35

1 A：你们是哪国人？
nǐmen shì nǎ guó rén

B：我是中国人．他是韩国人．
wǒ shì zhōngguórén, tā shì hánguórén

A：你会说韩语啊！
nǐ huì shuō hányǔ a

B：会，我懂韩语．
huì, wǒ dǒng hányǔ

A：真的！很了不起．
zhēnde! hěn liǎobuqǐ

2 A : 你是日本人吗？
nǐ shì rìběnrén ma

B : 不是，我是韩国人
bú shì, wǒ shì hánguórén

A : 啊！我也是韩国人．你的日语真好．
ā! wǒ yě shì hánguórén, nǐ de rìyǔ zhēn hǎo

B : 过奖！过奖！
guòjiǎng! guòjiǎng!

용법과 표현

1 '真'과 '真的'

'真'과 '真的'은 모두 '정말'의 뜻으로, 문장에서 모두 사용 가능하지만, '정말이에요'라고 말할 때는 반드시 '真的'을 써야 한다.

2 사람의 양사 : '位 wèi'와 '个 ge'

'位'는 사람의 양사로 존칭 '분'이란 의미를 가지며, '个'는 '개'로서 '사물의 양사'로 사용되지만, 사람의 양사로도 사용된다. 단, 사람의 양사로 사용 될 경우, '个' 뒤에는 사람을 나타내는 말(단어)이 와야 한다.

一个. 한 개(사물)
yí ge

一个人. 한 사람.
yí ge rén

一个姐姐. 누나(언니) 한 명.
yí ge jiějie

3 哪(nǎ 어느, 어떤), 那(nà, 그, 저), 这(zhè 이)는 뒤에 오는 양사에 따라 사람 · 사물 · 장소 그리고 상황을 나타낸다.

哪 那 这	+	位(wèi 분), 个(ge) + 사람 관련 단어	사람
		个 등 가타 양사	사물
		儿(ér), 里(lǐ), 边(biān)	장소
		(么)样 (me)yàng, 么(me)	상황

문형과 표현 다지기

주 어 + 부 사 + 능동사 + be동사(동사) + 주격보어(목적어)

我的生日 wǒ de shēngrì			是 shì	二月十五号 èr yuè shí wǔ hào

나의 생일은 2월 15일이다.

A : 你 nǐ	会 huì	开 kāi	车 chē	吗? ma

당신은 운전을 할 줄 압니까?

开车 kāi chē 운전하다

B : 我 wǒ	不 会 bú huì	开 kāi	车. chē

저는 운전 할 줄 모릅니다.

A : 你 nǐ	是 shì	哪国人? nǎ guó rén

당신은 어느 나라 사람입니까?

B : 我 wǒ	是 shì	美国人. meǐ guó rén

저는 미국인입니다.

美国 meǐguó 미국

내 실력체크

听(tīng) 녹음36

1) rìběn	rìwén		2) hányǔ	hànyǔ
3) huì shuì	huì shuō		4) guòjiǎng	guò jiāng
5) jiàn dào	xiān dào		6) wǒ shì	wǔhuì
7) yě qù	yí zǒu		8) gāoxìng	gāoxīn

说和写(shuō hé xiě)

1) Ⓐ：他会说韩语吗？

Ⓑ：____________

2) Ⓐ：你是哪国人？

Ⓑ：__________

간자체 쓰기

哪	nǎ	丨 冂 口 叮 叮 吗 哵 哪 哪
国	guó	丨 冂 冂 冃 月 用 国 国
韩	hán	一 十 古 古 直 直 卓 韩 韩 韩 韩 韩
中	zhōng	丨 冂 口 中
会	huì	ノ 人 亼 会 会 会
说	shuō	丶 讠 讠 讠 说 说 说 说 说
语	yǔ	丶 讠 讠 讠 语 语 语 语 语
懂	dǒng	丶 忄 忄 忄 忄 怍 怍 懂 懂 懂 懂 懂 懂 懂 懂

한자	필순
真 zhēn	一 十 𠂇 冇 冇 直 直 直 真 真
了 liǎo	乛 了
起 qǐ	一 十 土 丰 丰 走 走 起 起
日 rì	丨 冂 日 日
本 běn	一 十 才 木 本
过 guò	一 寸 寸 讨 讨 过
奖 jiǎng	丶 丷 丬 丬 丬 丬 丬 奖 奖

문화 이야기

한·중 양국의 '건강장수의 날' 을 찾아서 …

'건강장수의 날'이란 명절은 사실 없다. 단 명절의 원 의미에서 '건강장수의 날'이라는 이름을 붙이고 싶은데, 이 날은 바로 음력 5월 5일 단오절이다. 이 글에서는 단오절이 갖는 원 의미와 전설, 그리고 지금 한 · 중 양국의 단오절의 의미를 찾아, 우리의 실생활 속으로 끌어들이고 싶다.

중국의 단오절에 대한 설은 1,500년 이전까지는 여러 설이 있었는데, 지역에 따라 기념하는 역사인물이 달랐다. 그 후, 여러 설 가운데 "굴원설"이 널리 전해져, 오늘날까지 전해지고 있다. 굴원을 기념하기 위해 쫑쯔(粽子)를 먹고, 용선(龍船) 놀이를 하는 풍습도 생겨났다. 굴원은 중국 전국시대(2,000년 전) 초나라의 충신이자 애국시인이었는데, 간신배들의 모함을 받아 초나라 왕에게 추방되어, 강산을 떠돌며 슬픈 애국시를 남기고, 지금의 후난(湖南)성의 미로어(汨羅)강에 투신자살했다. 강변의 백성들은 그의 죽음에 비통하였고 시신을 찾았으나, 찾을 수 없게 되자, 이 날이 되면 강에서 나무로 만든 용 모양을 한 배를 저으면서 굴원에 대한 애도를 표시하고, 물고기가 굴원의 시신을 먹지 못하도록 했다. 오랜 시간이 흐른 후, 이 풍습은 일종의 민간 스포츠로 바뀌어, 징과 북 소리 속에서 경주를 하며, 물고기들을 쫓았고, 이 날이 되면 대나무 잎에 찹쌀 · 팥 · 대추 · 고기류 · 야채류 등 재료를 입맛대로 넣어서 여러 종류의 쫑쯔를 만들어 먹고, 또 쫑쯔를 강에 던져 물고기에게 먹이를 주어 굴원의 시신을 보호하려고 했다. 중국인에게는 단오절은 '죄악을 씻는 날'이 되었고, 추석과 더불어 중요한 명절이 되었다. 쫑쯔는 지금 민간 음식이 되어 언제나 먹을 수 있고, 지역마다 사용하는 재료가 다르고, 맛도 다르다. 평소 먹을 수 있는 음식이지만, 5월 5일 단오절이 되면, 중국 · 대만 · 홍콩 및 해외에 거주하는 중국인들은 집에서 쫑쯔를 직접 만들어 먹기도 한다.

쫑쯔를 강에 던지는 모습

용선 놀이

쫑쯔

(http://myhome.naver.com 사진 인용)

그러나 단오절의 기원과 원 의미는 단순히 굴원을 기념하기 위한 것에서 비롯되거나, 의미를 갖는 것은 아니다. 음력 5월 5일은 여름으로 들어가는 시기, 즉 질병이 시작되는 계절이기 때문에, 이 날이 되면, 중국 사람들은 질병을 쫓아내기 위해 집 대문 앞에 창포와 쑥을 걸어 놓고, 아이들은 시앙바오(香包 : 향료 주머니)를 달고, 성인들은 황지우(黃酒 : 황주)를 마신다. 이런 풍습들은 모두 액땜을 하고, 건강을 지켜준다고 한다. 대만에서는 단오절 그 날 산에 있는 우물을 정오에 퍼서 사용하면 질병을 치료한다고 전해지고, 또 단오절 정오에 계란을 바로 세우면 1년 내내 운이 좋다고 한다.

우리나라도 굴원의 영혼을 위로하는 날로 여기기도 하지만, 이 날은 일년 중 양기가 가장 왕성한 날이라 해서 풍년을 기원하는 기풍제(祈豊祭)를 지내고, 창포로 머리감고, 창포비녀를 꽂고, 또 쑥을 뜯어 어머니에게 약용으로 쓰고, 질병을 쫓기 위해 호리병박이나 작은 인형을 만들어 허리에 차고 다니기도 하고, 부적을 만들어 붙이고, 씨름 · 그네뛰기, 대추나무가지에 돌을 끼워 대추 풍년을 기원하는 놀이를 한다. 춘향이 이도령을 만난 날이기도 해서 우리의 '발렌타인 데이'라고도 할 수 있다.

신윤복의 단오풍경(http://myhome.naver.com 사진 인용)

한 마디로 단오절은 단오절의 원 의미에다 중국의 애국시인 굴원의 전설을 더해 단오절의 중요성을 갖게 되었다. 그러나 지금 중국정부는 전통명절에 대해 단 춘지에(春節 : 설) · 노동절(勞動節 : 5월 1일), 국경일(國慶日 : 10월 1일), 위엔단(元旦 : 신정)만을 법정 명절로 정하고 춘지에 · 노동절 · 국경일 등은 각각 일주일 쉬고, 위엔단은 하루 쉰다. 따라서 중국인들은 춘지에 · 쭝치어우지에(仲秋節 : 추석) · 단오절 등은 중국의 3대 전통명절이면서도 설날만이 법정명절로 제정되어 있음에 건의를 하고 있다.

우리나라에서는 사실 단오절이 갖는 의미는 중국보다는 훨씬 못하다. 그러나 1967

년 강릉시의 '단오제(端午祭)'는 국가급 제13호 '중요무형문화재'로 지정되어, 해마다 국내외 백만에 달하는 사람들이 그 행사에 참여하고 관광을 하는데, 인터넷에 단오절 관련 자료를 보면, 2004년 중국은 우리의 '강릉 단오제'에 민감한 반응을 나타내면서, 중국도 전통문화유산을 보존해야 한다고 목소리를 내고 있다고 한다. 우리나라에 있어 '굴원을 기념하는 날'은 별 의미가 없으나, 단오절의 원 의미를 살려, 단오절을 '건강장수의 날'로 인식해, 건강을 소홀히 하게 되는 현대사회환경 속에서 질병이 번성하는 초여름을 맞이하여 가장 중요한 재산인 자신의 건강을 돌보는 일을 각성하는 날로 여기고, 현대인의 건강을 위한 더욱 진보적인 건강관리법을 모색하는 것도 지혜가 아닐까 생각한다. 그리고 대만의 단오절 풍습처럼 단오절 당일 정오에 계란을 바로 세워 보는 놀이를 해보고 일년 내내 운이 좋은지를 살펴보는 것도 재미있을 것 같다.

http://www.elifeplus.co.kr 생활/교육 → 전문가 칼럼
「만리장성 길라잡이 : 왕옥지」(2004년~2005년)에 수록된 글.

第八课 我九岁.

dì bā kè wǒ jiǔ suì

제 8 과 저는 9살입니다.

기본 문형

주 어 + 부 사 + 능동사 + 동 사 + 수량사 + 목적어 (명사)

10. 妳比我 小 两岁.

nǐ bǐ wǒ xiǎo liǎng suì

새단어 生词 [shēngcí] 녹음37

• 岁	suì	양	살, 세
• 啦	la	조	어기조사 (문미에 오며, 있어도 되고 없어도 됨)
• 老大娘	lǎodàniáng	명	할머니
• 多	duō	형 부	많다, 많은, 많이, 얼마나(多么)
• 大	dà	형 동	크다, 커지다(大了)
• 多大	duōdà	의대	얼마나 큽니까? (= 多么大)
• 年纪	niánjì	명	연세
• 今年	jīnnián	명	올해, 금년
• 满	mǎn	형 부	꽉 차다 , 만으로
• 唉	āi	감	아!
• 上学	shàng xué		학교에 다니다, 학교에 가다(= 上学校)
• 小学	xiǎoxué	명	초등학교
• 年级	niánjí	명	학년
• 上	shàng	동	(…에) 가다, (…에) 다니다
• 幼儿园	yòu'éryuán	명	유치원, 유아원
• 小姐	xiǎojiě	명	아가씨, 여자에 대한 칭호
• 属	shǔ	동	(…에) 속하다, …띠에 해당 하다
• 兔子	tùzi	명	토끼
• 先生	xiānshēng	명	선생, 남자에 대한 칭호, (대만에서는) 남편
• 龙	lóng	명	용
• 比…	bǐ	전	…보다
• 小	xiǎo	형 동	작다, 작아지다(小了)
• 严格	yángé	형 부	엄격하다, 엄격하게
• 只	zhǐ	부	단지
• 个	ge	양	개(사물과 사람의 양사)

제8과 회화 (会话 [huìhuà]) 녹음38

1 A：你几岁(啦)?
nǐ jǐ suì (la)

B：我九岁. 老大娘, 您多大年纪(了)?
wǒ jiǔ suì, lǎodàniáng, nín duōdà niánjì (le)

A：我(啊)! 今年满七十一岁.
wǒ (a), jīnnián mǎn qī shí yī suì,

唉, 你上学了吧!
āi, nǐ shàngxué le ba

B：对, 我上小学二年级. 妹妹上幼儿园.
duì, wǒ shàng xǎoxué èr niánjí, mèimei shàng yòu'éryuán

2 A：金小姐，妳属什么？
jīn xiǎojiě, nǐ shǔ shénme

B：我属兎子．王先生，你呢？
wǒ shǔ tùzi, wáng xiānshēng, nǐ ne

A：我属龙．
wǒ shǔ lóng

B：那你比我小一岁．
nà nǐ bǐ wǒ xiǎo yí suì

A：严格(来)说，只差几个月吧．
yángé (lái) shuō, zhǐ chà jǐ ge yuè ba

문형

1 수량사의 위치

수량사는 숫자와 사물의 양사를 가리키는 말이며, 중국어에서의 '수량사' 위치는 우리말과 달리 엄격하게 이루어지며, 대체로 우리말 어순과는 반대로 이루어진다. 동사 또는 형용사 뒤, 명사 앞에 고정되어 있다.

주 어	+	부 사	+	능동사	+	동 사	+	수량사	+	명 사
我 wǒ						买 mǎi		三张 sān zhāng		邮票. yóupiào

나는 우표 3장을 산다.

1 4 3 2

용법과 표현

1 '多'의 '多么' 용법

'多么(duōme)'는 '얼마나'의 뜻으로, 정도를 나타내며 감탄의 어기가 내포되어 있다. 의문문에 사용되어 의문을 나타내기도 하는데 뒤에는 형용사를 반드시 수반해야 하며, 보통 '么'자는 생략해서 많이 쓴다.

多(么) + 형용사

多(么) 大!
duō(me) dà 얼마나 컵니까! 나이가 어떻게 되니?

多(么) 好!
duō(me) hǎo 얼마나 좋습니까!

多(么) 重!
duō(me) zhòng 얼마나 무겁습니까!

多(么) 近!
duō(me) jìn 얼마나 가깝니!

多(么) 长!
duō(me) cháng 얼마나 긴가!

多(么) 久!
duō(me) jiǔ 얼마나 오랫동안!

2 나이 관련 표현

중국에서 나이는 서방국가와 같이 만으로 말하며, 우리나라 나이는 허세(虛岁 xūsuì)라고 한다. '나이'의 뜻으로 '岁数(suìshù)'·'年龄 niánlíng' 등 단어를 쓰기도 하며, '몇 년 생'을 즐겨 사용하기도 한다. 나이를 나타낼 때는 통상 be동사 '是'를 생략한다.

① 고령자의 연세를 묻는 말

您多大年纪(了)?
nín duōdà niánjì (le)

您高寿?
nín gāo shòu

您贵庚?
nín guì gēng

② 낮춤말 또는 일반적인 표현

你几岁(了)?
nǐ jǐ suì (le)

你多大(了)?
nǐ duōdà (le)

③ 출생년도 표현

你几年生?
nǐ jǐ nián shēng

너 몇 년생이니?

我一九九零年生.
wǒ yī jiǔ jiǔ líng nián shēng

나는 1990년생이다.

3 比…(…보다)

우리말의 '…보다', '…에게', '…에서' 등 전치사는 명사 뒤에 위치하지만, 중국어에서는 반대로 명사 앞에 위치하고 대체로 한 글자로 이루어진다. '比…'는 '…보다'의 뜻으로 뒤에는 형용사가 온다.

주 어 + 형용사

他比我　　高.
tā bǐ wǒ　　gāo
(그는 나/보다 키가 크다.)
1 3 2 4

高 gāo 높다, 키가 크다.

他比我　　多.
tā bǐ wǒ　　duō
(그는 나/보다 많다.)

4 방향동사(来, 去) + 동사

'来(오다)'와 '去(가다)'는 동사 앞에 와서 방향동사의 성격을 띠며, '…하러 오다', '…하러 가다'의 뜻을 갖는다.

我们来上课.
wǒmen lái shàng kè　　우리는 수업하러 온다.

我们去看电影.
wǒmen qù kàn diànyǐng　　우리는 영화 보러 간다.

电影 diànyǐng 영화

번역요령

(가정어문)

'严格(來)说'은 '엄격히 말한다'란 뜻인데, 뒤에 '只差几个月吧' '단지 몇 개월 차이죠'라는 말이 오므로 '严格(來)说'은 '엄격히 말하자면'이란 가정어문이 된다. 중국어에서는 이처럼 '…한다면' 이란 뜻의 단어가 없어도 뒤에 문맥에 따라 앞 문장이 가정문이 된다. 이러한 표현은 중국어의 특징이다.

문형과 표현 다지기

주 어 + (시간·일반) 부 사 + (be동사) 동사 + 수량사

你孩子 nǐ háizi / 今年 jīnnián / 多大? duōdà
(너 아이는 올 해 몇 살이니?)

今年/满 jīnnián mǎn / 两岁 liǎng suì
(올 해 만으로 두 살이야.)

孩子 háizi 아이

주 어 + 형용사 + 수량사

我比他 wǒ bǐ tā / 快 kuài / 一两分钟. yì liǎng fēn zhōng (나는 그/보다 1,2분 빠르다.)

1 3 2 5 4

주 어 + (시간·장소·일반) 부 사 + 능동사 + 동 사 + 수량사 + 목적어(명사)

我们 wǒmen / 今天/都 jīntiān dōu / 能 néng / 吃 chī / 两碗 liǎng wǎn / 米饭 mǐfàn

우리들은 오늘 모두 쌀밥 두 그릇을 먹을 수 있다.

1 2 3 7 6 5 4

碗 wǎn 그릇
米饭 mǐfàn 쌀 밥

'띠' 일람표 녹음39

老鼠(lǎoshǔ)	 쥐	马(mǎ)	 말
牛(niú)	 소	羊(yáng)	 양
老虎(lǎohǔ)	 범, 호랑이	猴(hóu)	 원숭이
兔子(tùzi)	 토끼	鸡(jī)	 닭
龙(lóng)	 용	狗(gǒu)	 개
蛇(shé)	 뱀	猪(zhū)	 돼지

내 실력체크

听(tīng) 녹음40

1) shāo méi	xiǎomèi	2) yéye	yěniú
3) duō dà	dōu dà	4) niánjì	nuǎnqì
5) wǒ a	wǒ ya	6) shàngxué	xià xuě
7) nǚ'ér	yòu'ér	8) wǎng hòu	wàng huà
9) xiānshēng	xuānchuán	10) xiǎojiě	xiǎojie

说和写(shuō hé xiě)

실제상황에 따라 각자 답하시오.

1) A : 你属什么?

B : ________________

2) A : 你几岁?

B : ________________

간자체 쓰기

한자	병음
岁	suì
啦	la
娘	niáng
多	duō
大	dà
年	nián
纪	jì
满	mǎn

唉	āi	丨 冂 口 口𠂉 口𠆢 口厶 口厶一 口厶二 唉 唉
上	shàng	丨 卜 上
吧	ba	丨 冂 口 口𠃍 口㇆ 口巴 吧
级	jí	𠃋 乡 纟 纠 级 级
幼	yòu	𠃋 乡 幺 幻 幼
儿	ér	丿 儿
园	yuán	丨 冂 冂 冃 冃 园 园
小	xiǎo	亅 亅丿 小
姐	jiě	𡿨 女 女 如 如 妲 姐 姐

글자	병음
属	shǔ
兔	tù
子	zi
先	xiān
龙	lóng
比	bǐ
严	yán
格	gé
只	zhǐ

个	㇒ 𠆢 个
ge	

문화 이야기

중국의 남성들은 왜 요리에 흥미를 느낄까?

현대에 이르러 중국대륙은 물론 대만 · 홍콩 등 사회주의국가든 민주주의국가든 할 것 없이 중국 가정에는 부부의 역할이 '남자는 바깥일, 여자는 집안 살림'이란 인식이 강하게 심어 있지 않다. 부부가 모두 직장을 가질 경우, 집안일도 함께 분담을 하는데, 이 때 남편들은 보통 청소하고 빨래하는 것을 싫어하고 오히려 밥하는 것을 좋아하는데, 심지어 식탁을 장식하기 위해 분홍색 초를 녹인 액체, 꽃모양으로 만든 무, 나무 가지 등 재료를 이용해서 분홍색 매화나무를 만든다. 이처럼 요리에 대한 연구까지도 할 만큼 요리에 흥미를 느끼는 남성들도 있다. 중국 산동대학에 재직 중인 모 남자교수는 한국에 와서 산동요리집을 하고 싶다고도 한다. 이와 같이 많은 중국 남성들은 청소 · 빨래 등은 단순한 일이라 재미가 없는데 반해 요리하는 것은 하나의 예술을 한다고 생각하며, 우리나라의 남성들과는 반대적인 현상을 띤다. 두 나라 남성들이 요리에 대한 이러한 견해의 차이에 대해, 필자는 오래 전부터 나름대로 답을 내린 바 있는데, 이는 우리나라의 '남존여비'사상이 중국보다 더욱 심한데서 그 차이점을 찾아 볼 수도 있지만, 이러한 문제를 떠나 생각해보면 그것은 아마도 조리기구와 조리법의 차이에서 비롯되지 않았을까 생각한다.

중국 사람들은 음식문화를 매우 중요하게 생각하고, 또한 땅이 광활하고 지역마다 자연환경과 농산물이 달라서 두드러진 특색을 가진 독특한 요리가 매우 많고, 세계적으로 유명하다. 많은 독특한 요리 가운데서 세 지역의 요리를 간단히 소개하자면, 광동요리를 적절하게 나타내는 말인 '네 발 달린 것은 탁자 이외는 다 먹는다'라는 말이 있듯이 뱀 · 원숭이 요리는 물론 고가의 바퀴벌레 요리에서 상어지느러미 요리가 있다. 북경요리로는 오리구이, 궁중요리인 곰 발바닥 · 제비집 · 사슴고기 · 오리 물갈퀴, 중국식 샤브샤브 등 요리가 유명하고, 우리와 같이 고추와 매운 맛이 풍부한 사천요리에 있어 '부파라, 파부라(不怕辣, 怕不辣), 매운 것은 두렵지 않고, 맵지 않을까 두렵다.'라는 말이 있을 정도로 중국의 사천 사람들은 매운 고추를 즐겨 먹는다.

이렇듯 다양하고 독특한 요리의 천국을 이룬 중국음식에는 조리법도 다양하지만 대체적으로 센 불에 금방 익히거나 기름을 많이 사용해서 볶는 것이 특징인데, 이러한 요리의 조리법은 센 불과의 조화를 이루어야 하고, 센 불을 적당히 이용해야 하며, 조리기구는 크고 무거운 프라이팬과 길고 무거운 볶는 기구로 이루어져 있는데, 그 크고 무거운 프라이팬에 음식재료를 넣고 센 불에서 왼손으로 들었다 놓았다, 프라이팬에 있는 음식물을 공중으로 날렸다 받았다 하면서 오른손으로 무거운 기구를 들고 볶아야 한다. 이와 같이 힘과 기술을 필요로 하는 중국 조리법에는 약한 여성보다는 남성에게 더욱 어울리는 일이다. 그리고 중국요리에 적용되는 중요한 기준은 색(色) · 향(香) · 미(味) · 형(形) 즉, 색깔 · 향 · 맛 · 모양이 모두 갖추어져야 하고, 음식을 하나의 예술로 보며, 음식에 있어 음양오행설(陰陽五行說)의 이치, 즉 철학을 말하기도 한다. 음식의 조리법도 자손 또는 제자에게 전수하고 옛날부터 조리대회도 개최하는 풍습이 있을 만큼 먹는 것이 하나의 학문으로 정의될 정도로 가볍게 보지 않았으며, 남성들은 요리를 하는 것을 부끄럽게 생각하지 않는다. 그러나 우리나라의 조리기구와 조리법은 작고 섬세하며 복잡한 면을 띠면서 남성보다는 여성에게 더욱 어울리는 일이 아닐까? 부엌에서 음식을 만드는 우리나라 남성들의 모습은 아마도 처량한 느낌을 주는 반면 중국 남성들이 중국요리를 하는 모습은 대범한 느낌을 줄 것이다. 여러분은 어떻게 생각하나요?

http://www.elifeplus.co.kr 생활/교육 → 전문가 칼럼
「만리장성 길라잡이 : 왕옥지」(2004년~2005년)에 수록된 글.

第九课　你在哪儿工作?

dì jiǔ kè　nǐ zài nǎr gōngzuò

제 9 과　당신은 어디에서 일을 하십니까?

기본 문형

주어	+	(시간·장소·일반) 부사	+	능동사	+	동사	+	수량사	+	목적어 (명사)
11. 你 nǐ		在哪儿 zài nǎr				工作? gōngzuò				

새단어 生词 [shēngcí] 녹음41

• 在	zài	동 전	(…에) 있다, 계시다, …에서
• 哪儿	nǎr		어디, 어디입니까?
• 工作	gōngzuò	명 동	일(을 하다)
• 中学	zhōngxúe	명	중학교, 중고등학교
• 教书	jiāo shū		학생을 가르치다(= 教学, 教学生)
• 公司	gōngsī	명	회사, 공사
• 上班	shàng bān	동	출근하다, 근무하다
• 早上	zǎoshàng	명 부	아침
• 下午	xiàwǔ	명 부	오후
• 下班	xià bān	동	퇴근하다
• 爸爸	bàba	명	아버지, 아빠
• 做	zuò	동	(…를) 하다(육체적인 노동)
• 买卖	mǎimài	명	장사, 매매(= 生意 shēngyì)
• 个	ge	양	개(사물 · 사람의 양사)
• 商人	shāngrén	명	상인, 장사꾼
• 兄弟	xiōngdì	명	형제
• 读	dú	동	읽다, (학교에) 다니다, …를 전공하다(=上)
• 大学	dàxué	명	대학(4년제 종합대학 = 대학교)
• 节	jié	양	교시, 시간(수업의 시간을 나타냄), 절(양사)
• 大概	dàgài	부	대개, 대략

제9과 회화 (会话 [huìhuà]) 녹음42

1 A：你在哪儿工作？
nǐ zài nǎr gōngzuò

B：我在中学教书．妳呢？
wǒ zài zhōngxué jiāo shū, nǐ ne

A：我上班．
wǒ shàng bān

B：公司几点上下班？
gōngsī jǐ diǎn shàng xià bān

A：早上八点上班，下午六点下班．
zǎoshàng bā diǎn shàng bān, xiàwǔ liù diǎn xià bān

2 A：妳爸爸做什么工作？
nǐ bàba zuò shénme gōngzuò

B：他做买卖，是(个)商人．
tā zuò mǎimài, shì (ge) shāngrén

A：妳们姐妹做什么事？
nǐmen jiěmèi zuò shénme shì(r)

B：我们读大学．
wǒmen dú dàxué

A：妳们一天上几节课？
nǐmen yì tiān shàng jǐ jié kè

B：大概上三四节课．
dàgài shàng sān sì jié kè

용법과 표현

1 '在'자 용법

중국어에는 장소 앞에 반드시 '在'자를 써야 한다. '在'자는 동사 또는 전치사로 사용되는데, "주어+在+장소"문에서의 '在'는 동사로 '…에 있다'의 뜻을 가지며, 장소 뒤에 동사문이 올 경우, '在'는 전치사로 '…에서'의 뜻을 가지는데, 이 때 '在+장소'는 장소부사가 된다.

주 어 + 장소부사 + 동 사 + 목적어

我		在	家. (동사)
wǒ		zài	jiā

(나는 집/에 있다.)

1 3 2

家 jiā 집

我	在家	看	电视. (전치사)
wo	zài jiā	kàn	diànshì

(나는 집/에서 TV를 본다.)

1 3 2 5 4

看 kàn 보다
电视 diànshì 텔레비전

2 '동+목'형 낱말의 용법

'上课(shàngkè 수업하다)' · '见面(jiànmiàn 만나다)' 등과 같이 '동+목'형으로 이루어진 낱말은, 원래 동사와 명사로 각각 분리되어 있는 낱말이다. 낱말처리과정에서 보통 한 단어로 수록하는 경우가 많아, 문장의 구성상 착오를 일으키기 쉽다. 이러한 낱말 뒤에 수량사나 목적어를 수반할 경우, 수반하는 수량사나 목적어는 낱말을 이루는 두 글자 사이에 놓으며, 낱말을 이루는 원래 목적어는 생략하기도 한다.

上中国语课.
shàng zhōngguóyǔ kè (중국어 수업을 한다.)

上课中国语.(×)

上两节课.
shàng liǎng jié kè (2시간 수업을 한다.)

3 '节'의 양사용법과 '第'

① 우리말의 1교시, 2교시 등 '교시'라는 단위와 '수업의 시간'을 나타내는 단위는 중국어에서는 모두 '节'을 사용한다. 단 1교시, 2교시 등 순서를 나타낼 때는 반드시 '第'자를 앞에 붙이고, '수업의 시간'을 나타낼 때는 앞에 '第'자를 쓰지 않는다.

第一节(课).
dì yì jié (kè) 1교시 (수업).

第二节(课).
dì èr jié (kè) 2교시 (수업).

一节(课).
yì jié (kè) 1시간 (수업).

两节(课).
liǎng jié (kè) 2시간 (수업)

② 우리말에서는 '제1과'를 또 '1과'라고 할 수 있지만, 중국어에서는 '节'의 예와

같이 순서를 나타낼 때 '第'자를 쓰며, '第'자가 없으면 대부분 시간 간격을 나타낸다.

第一天.
dì yì tiān 첫 날.

第二天.
dì èr tiān 둘째 날.

一天.
yì tiān 하루.

兩天.
liǎng tiān 이틀

중국어의 특징 및 번역요령

양사

중국어의 특징 중의 하나는 양사를 즐겨 쓰는 것이다. 우리말로 번역할 때 양사를 번역하지 않는 것이 매끄러울 경우, 대체로 양사는 생략해도 된다. 예를 들면 '…是个商人'에서의 '个'는 '一个(한 개)'의 줄인 말이며, 여기의 '한 명'은 우리말로 번역하지 않는 것이 자연스럽고, '个'자는 중국어에서도 생략할 수 있다.

문형과 표현 다지기

주 어	(시간·장소·일반) 부 사	능동사	동 사	수량사	목적어 (명사)
你 nǐ			在 zài		哪儿? nǎr
너는 어디에 있니?					
我 wǒ			在 zài		食堂 shítáng
나는 식당에 있다.					
我 wǒ	在食堂 zài shítáng		吃 chī		饭. fàn
나는 식당에서 밥을 먹는다.					
朋友 péngyǒu	在外面 zài wàimiàn		等 děng		我 wǒ
친구는 밖에서 나를 기다린다.					
同学们 tóngxué men	今天 在图书馆 都 jintiān zài túshūguǎn doū		写 xiě		作业. zuòyè
학생들은 오늘 도서관에서 모두 숙제를 한다.					
我們 wǒmen	星期天/也/都 xīngqītiān yě dōu	要 yào	在公司 上班. zài gōngsī shàngbān		
우리는 일요일에도 모두 회사에서 근무해야 한다.					

食堂 shítáng 식당

外面 wàimiàn 밖에

图书馆 túshūguǎn 도서관
写 xiě 쓰다
作业 zuòyè 숙제

要 yào …해야 한다

你 明天/第几节 有 课？
nǐ míngtiān dì jǐ jié yǒu kè
너는 내일 몇 교시에 수업이 있니?

我 明天 第二节 有 课.
wǒ míngtiān dì èr jié yǒu kè
나는 내일 2교시에 수업이 있다.

■ 학교 명칭

한 국	중 국
초등학교	小学 (xiǎoxué 소학, 国小 guóxiaǒ)
중학교	中学 (zhōngxué 중학) 初中 (chūzhōng 초중) 国中 (guózhōng 국중) 中学
고등학교	高中 (gāozhōng 고중)
대학교	大学 dàxue 대학(4년제 대학교)
단과대학, 전문대학	学院 (xuéyuàn 학원), 大专 (dàzhuān 대전)
대학원	研究所 (yánjiūsuǒ 연구소)
학원	补习班 (bǔxíbān 보습반), 培训学校 (péixùn xuéxiào 배훈학교) 培训中心 (péixùn zhōngxīn 배훈중심)

내 실력체크

听(tīng) 녹음43

1) xiānshēng　xuéshēng　2) gōngchē　gōngzuò

3) xiǎoxué　xiān xué　4) gōngshì　gōngsī

5) jǐ diǎn　qī diǎn　6) shàng bān　xià bān

7) zǎoshàng　zǎoshang　8) xiōngdì　sōngxìng

9) gōngzuò　gōngyǒu　10) dàxué　dà xuě

说和写(shuō hé xiě)

1) Ⓐ：你读哪个大学?

Ⓑ：＿＿＿＿＿＿＿＿

2) Ⓐ：几点下课?

Ⓑ：＿＿＿＿＿＿＿＿

간자체 쓰기

한자	병음	필순
在	zài	一 ナ 𠂇 𠂇 在 在
哪	nǎ	丨 冂 口 叮 吁 吗 哪 哪 哪
工	gōng	一 丅 工
作	zuò	ノ 亻 亻 亻 作 作 作
教	jiāo	一 十 土 耂 孝 孝 孝 孝 孝 教 教
书	shū	乛 ㇕ 书 书
公	gōng	ノ 八 公 公
司	sī	𠃌 ㇆ 司 司 司

班	bān
早	zǎo
下	xià
午	wǔ
爸	bà
事	shì
做	zuò
买	mǎi
卖	mài

商 shāng	丶 亠 亣 产 产 产 内 芮 芮 商 商
兄 xiōng	丨 冂 口 尸 兄
弟 dì	丶 丷 ⺈ 当 弟 弟 弟
读 dú	丶 讠 讠 计 计 诗 诗 诗 读 读
节 jié	丨 卝 艹 节 节
概 gài	一 十 木 木 村 村 村 相 相 榧 榧 概 概

第十课 我住首尔

dì shí kè wǒ zhù shǒu'ěr

제10과 나는 서울에 살아!

기본 문형

주어 + 부사 + 능동사 + 동사 + 사람(간접목적어) + 사물(직접목적어)

12. 告诉 我 你的地址.
gàosù wǒ nǐ de dìzhǐ

13. 서술형, 好吗 (= 好不好)?

告诉我你的地址, 好吗?
gàosù wǒ nǐ de dìzhǐ, hǎo ma

주어 + 부사 + 능동사 + 동사 + 목적어 + 동사 + 목적어

14. 来 我家 玩 吧
lái wǒ jiā wán(r) ba

새단어 生词 [shēngcí] 녹음44

• 住	zhù	동	살다, 거주하다
• 首尔	shǒu'ěr	지	서울 (汉城 hànchéng 한성)
• 地方	dìfāng	명	곳, 지방
• 江南	jiāngnán	지	강남
• 贸易	màoyì	명	무역
• 大厦	dàshà	명	빌딩(大楼 dàlóu)
• 就	jiù	부	곧, 바로…
• 釜山	fǔshān	지	부산
• 学校	xuéxiào	명	학교
• 宿舍	sùshè	명	기숙사
• 外面	wàimiàn	명	밖에
• 公寓	gōngyù	명	아파트
• 告诉	gàosù	동	알리다, 고소(법정용어)
• 地址	dìzhǐ	명	주소(住所 zhùsuǒ)
• 太阳	tàiyáng	명	태양
• 楼	lóu	명 양	빌딩, 층(层 céng)
• 零	líng	수	0(영 숫자)
• 住校	zhù xiào		학교에 거주하다(= 住学校)
• 空	kòng	명	시간(时间 shíjiān), 여가
• 玩	wán(r)	동	놀다
• 没事	méi shì(r)		괜찮다, 별말씀을요, 일 없습니다

제10과 회화 (会话 [huìhuà]) 녹음45

1 A：你住哪儿？
nǐ zhù nǎr

B：我住首尔.
wǒ zhù shǒu'ěr

A：首尔什么地方？
shǒu'ěr shénme dìfāng

B：江南.
jiāngnán

A：贸易大厦**在**哪儿？
màoyì dàshà zài nǎr

B：就**在**江南.
jiù zài jiāngnán

A：是吗？ 唉！ 妳是首尔人吧.
shì ma? āi! nǐ shì shǒu'ěr rén ba

B：不是， 我是釜山人.
bú shì, wǒ shì fǔshānrén

2 A：你住学校宿舍吗？
nǐ zhù xuéxiào sùshè ma

B：不，我住外面公寓.
bù, wǒ zhù wàimiàn gōngyù

A：告诉我你的地址，好吗？
gàosù wǒ nǐ de dìzhǐ, hǎo ma

B：好(的)，太阳公寓二楼二零一. 你呢？
hǎo (de), tàiyáng gōngyù èr lóu èr líng yāo. nǐ ne

A：我住校.
wǒ zhù xiào

B：有空，来我家玩.
yǒu kòng, lái wǒ jiā wán(r)

A：谢谢！
xièxie!

B：没事.
méi shì(r)

문형

1 이중목적어

우리말의 '…에게 …를 …하다'라는 표현은 이중목적어문으로 중국어에서는 '주어+동사+간접목적어(사람)+직접목적어(사물)'형으로 이루어진다.

주어 + 동사 + 사람 + 사물

주 어 + 동 사 + 사 람 + 사 물

(請) 告诉 我 你的地址.
(qǐng) gàosù wǒ nǐ de dìzhǐ
(나에게 너의 주소를 알려줘.)
2 3 1

他 送 我 礼物.
tā sòng wǒ lǐwù
(그는 나에게 선물을 선사한다.)
1 3 4 2

送 sòng 선사하다, 배웅하다

2 ……, 好吗(=好不好)?

평술문 뒤에 '好不好' 또는 '好吗'를 붙여 "…하는 것이 좋니 안 좋니?" 또는 "…하는 것이 어때?"라는 표현으로, 상대방의 의사를 묻는 의문문이다.

我们去看电影，好不好？
wǒmen qù kàn diànyǐng, hǎo bu hǎo
(우리 영화 보러 가는 것 어때?)

电影 diànyǐng 영화

3 연동식문

① 우리말의 "…에 가서(와서) …를 하다"라는 표현은 연동식문으로 중국어에서는 "주어+동사+목적어+동사+(목적어)" 문형으로 이루어지며, 첫 동작 '동사+목적어'에 이어 두 번째 동작 '동사+목적어'를 이어주면 된다.
우리말로 번역할 경우, 첫 동작의 번역은 이어주는 말로 구사해야 한다.

주 어 + 동 사 + 목적어 + 동 사 + (목적어)

주 어	+	동 사	+	목적어	+	동 사	+	목적어
我		去		图书馆		借		书
wǒ		qù		túshūguǎn		jiè		shū

(나는 도서관에 가서 책을 빌린다.)
1 3 2 5 4

借 jiè 빌리다

② "…를 하기를 좋아한다"란 표현은 "주어+동사+동사+목적어" 형으로 이루어지는데, '좋아한다'란 단어 '喜欢 xǐhuān'을 써서 "주어+喜欢+동사+목적어"로 구사하면 된다.

주어 + 동사(喜欢) + 동사 + 목적어

주 어	+	동사(喜欢)	+	동 사	+	목적어
我 wǒ		喜欢 xǐhuān		吃 chī		水果 shuǐguǒ

(나는 과일 먹는 것을 좋아한다.)

1 4 3 2

喜欢 xǐhuān 좋아하다
水果 shuǐguǒ 과일

용법과 표현

1 거처를 묻는 말

"你住(在)哪儿?"과 "你家在哪儿?" 등 표현이 있으며, "你住(在)哪儿?의 '在'자는 생략하기도 한다.

你住(在)哪儿?
nǐ zhù (zài) nǎr (당신은 어디에 사십니까?)

你家在哪儿?
nǐ jiā zài nǎr (당신의 집은 어디에 있습니까?)

2 번호 읽기

중국어에서 번호(전화 · 객실 · 여권 · 신분증 등)를 읽을 때, 백 단위 이상 숫자일 경우, 숫자만 읽어주면 되고, 숫자 '1'을 'yī'로 발음하지 않고, 통상 'yāo'로 발음하는데 대만에서는 '1'의 원래 발음 'yī'로 발음한다.

31号(sān shi yī hào) 31번(31호)
316号(sān yāo liù hào) 316번(316호)
2119号(èr yāo yāo jiǔ hào) 2119번(2119호)
507号(wǔ líng qī hào) 507번(507호)
3008号(sān líng líng bā hào) 3008번(3008호)

번역요령

가정어문

"有空"은 '시간이 있다'란 뜻인데 뒤에 "來…"란 문장이 오기 때문에 '만일 시간이 있다면'인 가정어문이 된다.

문형과 표현 다지기

주 어 + 동 사 + 목적어

你	住(在/去)	哪儿?	
nǐ	zhù(zài/qù)	nǎr	너는 어디에 거주하니(있니, 가니)?
我	住(在/去)	海云台.	
wǒ	zhù(zài, qù)	hǎiyúntái	나는 해운대에 산다(있다, 간다)

주 어 + 동 사 + 간접 목적어 (사람) + 직접 목적어 (사물)

我	送	她	一朵 花
wǒ	sòng	tā	yì duǒ huā

(나는 그녀에게 꽃 한 송이를 선사한다.)

1 3 5 4 2

我	問	他	路
wǒ	wèn	tā	lù

(나는 그에게 길을 묻는다.)

주 어 + 동 사 + 목적어 + 동 사 + 목적어

我	回	家	吃	饭.
wǒ	huí	jiā	chī	fàn

(나는 집에 가서 밥을 먹는다.)

1 3 2 5 4

주 어 + 동 사 (喜欢) + 동 사 + 목적어

妈妈	喜欢	看	小说.
māma	xǐhuān	kàn	xiǎoshuō

(엄마는 소설을 보기를 좋아한다.)

1 4 3 2

내 실력체크

听(tīng) 녹음46

1) zhù nǎr	zhù nàr	2) shǒu'èr	shǒu'ěr
3) dìfāng	dìfang	4) màoyì	mào yǔ
5) dàxiàng	dàshà	6) wàimiàn	wàimào
7) dìzhǐ	dìzǐ	8) hǎo de	hǎo ne
9) tàiyáng	tàiyé	10) zhù xià	zhù xiào

说和写(shuō hé xiě)

1) Ⓐ：你住哪儿？

Ⓑ：______________

2) Ⓐ：××大学在哪儿？

Ⓑ：______________

3) Ⓐ : 你是哪里人？

Ⓑ : ______________

北京 běijīng 북경
上海 shànghǎi 상해
哪里 nǎlǐ 어디(입니까?)

간자체 쓰기

住	zhù	丿 亻 亻 仁 仨 住 住
首	shǒu	丶 丷 䒑 䒑 广 首 首 首 首
尔	ěr	丿 𠂉 尔 尔 尔
地	dì	一 十 土 圵 地 地
方	fāng	丶 亠 方 方
江	jiāng	丶 冫 氵 汀 汀 江
南	nán	一 十 冂 内 内 内 南 南 南
贸	mào	丿 𠂉 𠂊 卯 卯 贸 贸 贸 贸

易	yì	丨 冂 日 日 月 男 易 易
厦	shà	一 厂 厂 厂 厂 厅 厅 厦 厦 厦 厦 厦
就	jiù	丶 亠 亠 亡 亩 亨 京 京 京 就 就 就
釜	fǔ	丿 八 父 父 父 父 釜 釜 釜 釜
山	shān	乚 山 山
校	xiào	一 十 才 木 杧 杧 杧 校 校
宿	sù	丶 宀 宀 宀 宀 宀 宀 宿 宿 宿 宿
舍	shè	丿 人 亼 亼 全 舍 舍 舍
外	wài	丿 ク 夕 夘 外

한자	병음	필순
面	miàn	一 丆 𠂆 丙 而 而 而 面 面
公	gōng	丿 八 公 公
寓	yù	丶 丶 宀 宀 宀 宀 宀 审 寓 寓 寓 寓
地	dì	一 十 土 圵 坤 地
址	zhǐ	一 十 土 圵 圵 坾 址
告	gào	丿 𠂉 牛 牛 牛 告 告
诉	sù	丶 讠 讠 讠 䜣 诉 诉
太	tài	一 ナ 大 太
阳	yáng	阝 阝 阝 阳 阳 阳

한자	병음	필순
楼	lóu	一 十 才 木 木 木 栏 栏 栏 楼 楼 楼 楼
零	líng	一 ⺊ 币 雨 雨 雨 雨 零 零 零 零 零 零
空	kòng	丶 丶 宀 宀 穴 穴 空 空
玩	wán	一 二 干 王 王 王 玩 玩
事	shì	一 一 ⺊ 亓 亊 亊 亊 事

문화 이야기

중국의 한류(韓流) 열풍의 생명은 어디까지인가?

우리나라는 수천 년 동안 중국과 역사적으로나, 지리적으로 불가분의 문화적 관계가 유지되었다. 1992년 8월 한중수교이래, 우리의 중국에 대한 열기가 높아짐에 따라 중국으로 유학 및 기업체 진출, 민간교류 등 무역 · 관광 여러 분야에서 신속하고 지속적인 발전을 거듭하여, 수천 년을 이어 중국열풍, 즉 한류(漢流)가 주류를 이루었다. 그러나 이제는 우리가 중국을 바라보고만 있는 것이 아니라, 중국도 우리를 바라보고 있다는 점이다. 약 20년 넘게 중국에서는 한국열풍, 즉 한류(韓流)가 불어 중국인의 한국에 대한 관심도 상당히 높아졌다.

수교 직후, 중국의 전형적인 경제방책은 우리의 경제모델을 거울삼아 우리의 성공적인 케이스를 취하고, 시대적 흐름을 살폈다. 예를 들면 비디오 대신 바로 CD시대를 여는 등 급속도로 발전해 왔다. 대중문화 방면에서는 '우리의 것'이 중국인의 관심을 갖게 하는 부분이 많았다. 초반기에는 우리의 옷, 신발(나이키) 등은 중국의 교환교수들이 귀국할 때 많이 사가는 물건이었는데, 지금은 우리 기업이 중국에 진출해 중국에 있는 공장에서 만들어져 우리나라로 들어오는 옷과 전자제품이 셀 수 없이 아주 많다. 그러나 우리나라에서 만들어진 옷은 재질이 좋을 뿐 아니라 디자인이 특히 멋스러워, 중국 사람들의 사랑을 받는다. 몇 년 전 집에서 입는 값 싼 원피스를 입고 중국 천진에 있는 재래시장을 갔더니 옷가게 주인들이 알아보고 앞다투어 한국에선 얼마에 살 수 있는지를 물었다. 그 때 나는 우리나라의 값 싼 옷을 중국으로 가져가 장사하면 돈을 벌겠구나 생각한 적이 있었다. 옷뿐만 아니라 우리음식, 즉 김치 · 비빔밥 · 불고기 · 삼계탕 · 냉면 등도 중국 사람들의 사랑을 받는데, 기름진 중국음식에 비해 색다르고 담백한 맛에 중국인들이 좋아한다. 젊은층에서는 비빔밥, 중년층 이상은 삼계탕을 좋아한다. 중국대륙뿐만 아니라, 대만에서도 우리음식은 인기가 있다. 한국 유학생 때문에 학교 앞에는 값싼 한식집이 있는 것은 당연지사이며, 고급한국음식점도 많다. 심지어, 주인이 우리나라 사람 또는 조선족이 아니라, 중국인이 하는 한국음식점도 있다. 북경의 심장인 왕푸징(王府井)거리에 한 냉면집이 있어 들어갔다. 고급한국음식점이었는데 냉면맛이 없었다. 나오면서 물어보니 주인이 역시 중국인이었다. 그러나 왕푸징에서 택시를 타고, 약 20분 정도 가면 '해당화'라는 고급북한음식점이 있는데, 여종업원들은 모두 한복을 입고 있으며, 냉면과 기타 북한음식이 맛있고, 손님이 아주 많았다.

1990년대부터 안재욱 · 김희선 · 가수 HOT는 중국 사람의 사랑을 가득 받았다. 당시 중국 청소년들에게 HOT 노래 테이프는 더 이상 없는 좋은 선물이었다. 안재욱과 김희선은 10년 가까이나 중국에서 인기를 얻었는데, 어찌 보면 중국 사람들은 그래도 의리가 있다고 볼 수 있겠다. 한 연예인을 이렇게 오래 동안 좋아하다니요. 이외에도 많은 연예인들이 중국에 알려졌다.

그밖에 우리의 TV드라마와 영화도 2002년부터 지금까지 사랑을 받고 있는데, 불꽃(火花) · 사랑이 뭐길래(爱情是什麽) · 보고 또 보고(看了又看) · 인어아가씨(人鱼公主) · 명성황후(明成皇后) · 겨울연가(冬日恋歌) · 가을동화(蓝色生死恋) 등의 드라마는 중국에서 방송된 바 있으며, 지금도 최근 방송되었던 드라마가 인기를 얻고, 대만에서도 한국드라마 전용방송채널이 있다.

북경과 천진에는 '한국성(韩国城)'이 있는데, 한국 옷가게 등 한국 관련 상점들이 모여 있는 곳이다. 중국의 젊은이 사이에서는 한국대중문화를 좋아하는 이가 많고, 이들은 한국옷을 입고, 한국음식을 먹고, 한국 것을 즐긴다. 이러한 중국사람을 '하한주우(哈韩族)'라고 하는데, 즉 한국대중문화, 한류(韓流)를 좋아하는 젊은이를 가리킨다. 그러나 이러한 한류(韓流)는 중국 북방에서 남방으로 갈수록 인기가 덜하다.

연변의 연길대학은 종전의 조선어(朝鲜语)과라는 학과명을 한국어과로 바꾸었는데, 중국의 일류 한국어과이다. 북경의 북경외국어대학의 한국어과는 중국의 한국외교 통역관을 배양하는 곳이기도 하다. 이외 천진외국어학원, 위해대학 등 북방지역의 대학에서는 많지는 않으나 한국어과가 있는 반면, 남방지역에는 한국어과가 드물다.

예컨대, 과연 이러한 열풍이 영원히 지속될 수 있을까? 한때 일본문화를 선호했다가 지금 우리 문화를 사랑하는 중국인들이 언제 또 우리문화를 외면할 가능성은 대단히 높다.

http://www.elifeplus.co.kr 생활/교육 → 전문가 칼럼
「만리장성 길라잡이 : 왕옥지」(2004년~2005년)에 수록된 글.

번역

중국어의 특징 중의 하나는 양사를 즐겨 쓰는 것이다.
우리말로 번역할 때 양사를 번역하지 않는 것이 매끄러울 경우,
대체로 양사는 생략해도 된다.
예를 들면 '…是个商人' 에서의 '个'는 '一个(한 개)'의
줄인 말이며, 여기의 '한 명' 은 우리말로 번역하지 않는 것이
자연스럽고, '个' 자는 중국어에서도 생략할 수 있다.

1과 번역(翻译 fānyì)

1. 안녕하세요?
   예, 당신은요?
   저도 안녕합니다.

2. 안녕!
   안녕!
   안녕!(헤어질 때)
   안녕!(헤어질 때)

3. 학생들, 안녕!
   선생님, 안녕하십니까?
   안녕!
   선생님, 안녕히 가세요.

2과 번역(翻译 fānyì)

1. 당신은 학생이에요?
   예, 저는 학생이에요.
   당신은 대학생이에요?
   아니요, 저는 고등학생이에요.

2. 그분은 누구니?
   그분은 나의 아버지야.
   그분이 너의 아버지니?
   그래.

3과 번역(翻译 fānyì)

1. 너는 무엇을 배우니?
   나는 중국어를 배워.
   누가 너희들을 가르치니?
   왕선생님.

2. 중국어 어렵니?
   중국어 그다지 어렵지 않아.
   재미는 있니?
   재미있어, 너는?
   중국어 재미없어.

4과 번역(翻译 fānyì)

1. 오늘 몇 월 몇 일이니?
   오늘 4월 30일이야.
   무슨 요일이니?
   토요일이야.

2. 지금 몇 시니?
   2시 10분이야.
   아뿔싸! 수업 지각이야.
   너 빨리 가.

3. 몇시가 되었니?
   12시 15분 전이야,
   우린 몇시에 점심 먹니?
   12시 반.

5과 번역(翻译 fānyì)

1. 일요일에 당신들은 바빠요?
   그다지 바쁘지 않아.
   그 날, 우리 집에 올 수 있어요? 없어요?
   무슨 일 있어?
   그 날은 저의 생일이에요.
   그럼, 당연히 갈 수 있지.
   환영해요!

2. 누구 계십니까?
   아! 당신들 왔군요!
   생일 축하해! 이것은 생일 케이크고,
   이것은 우리들의 선물이야.
   고마워요! 들어오세요! 먼저 차 드세요.
   고마워!
   별말씀을요.

6과 번역(翻译 fānyì)

1. 너의 성은 무엇이니?
   저의 성은 김씨고, 이름은 수려입니다.
   그의 이름은 무엇이니?
   그는 박용감이라 합니다.
   너희들은 모두 학생이니?
   예.

2. 존함이 어떻게 됩니까?
   저의 성은 왕씨입니다. 당신은요?
   저는 이씨고, 이름은 국화입니다.
   당신을 알게 되어서 매우 기쁩니다.

7과 번역(翻译 fānyì)

1. 당신들은 어느 나라 사람입니까?
   저는 중국인이고, 그는 한국인입니다.
   당신 한국어를 할 줄 알군요!
   할 줄 압니다. 저는 한국어를 알아요.
   정말이에요! 대단합니다.

2. 당신은 일본인입니까?
   아니요, 저는 한국인입니다.
   아! 저도 한국인이에요. 당신 일어 정말 잘하네요.
   과찬입니다.

8과 번역(翻译 fānyì)

1. 너 몇 살이니?
   저 9살이에요. 할머니, 당신의 연세는 어떻게 되십니까?
   나는 올해 만으로 71살이야. 참! 너 학교에 다니지!
   맞아요! 저는 초등학교 2학년에 다니고, 여동생은 유치원에 다닙니다.

2. 미스 김은 무슨 띠에요?
   나는 토끼띠에요. 미스터 왕 당신은요?
   나는 용띠에요.
   그럼 당신은 나보다 한 살 작군요.
   엄격히 말하면 단지 몇 개월 차이죠.

9과 번역(翻译 fānyì)

1. 당신은 어디에서 일을 하시죠?
   저는 중학교에서 학생을 가르칩니다. 당신은요?
   저는 회사에 다닙니다.
   회사는 몇 시에 출퇴근합니까?
   아침 8시에 출근해서 오후 6시에 퇴근합니다.

2. 너 아버지께서는 무슨 일을 하시니?
   그는 장사해, 상인이야.
   너희들 자매는 무슨 일을 하니?
   우리는 대학에 다녀.
   너희들은 하루에 몇 시간 수업을 하니?
   대략 3, 4시간 수업해.

10과 번역(翻译 fānyì)

1. 너는 어디에 사니?
   나는 서울에 살아.
   서울 어느 곳이야?
   강남이야.
   무역빌딩은 어디에 있니?
   바로 강남에 있어.
   그래? 아! 너는 서울 사람이지?
   아니, 나는 부산사람이야.

2. 너는 학교 기숙사에 사니?
   아니, 나는 밖에 아파트에 살아.

나에게 너의 주소를 알려주는 것이 어때?
좋아. 태양아파트 2층 201. 너는?
나는 학교에 거주해.
시간 있으면, 우리집에 놀러와.
고마워.
별말을.

답안

발음편

내 실력체크 1

● 1 1) o 2) xie 3) lu 4) zhu 5) shuang
6) sou 7) guang 8) ren 9) fen 10) san

● 2. 1) bó 2) fǔ 3) hēng 4) tiānqi

내 실력체크 2

● 1. 1) ya 2) chi 3) zi 4) ong 5) yi
6) ing 7) xun 8) yue 9) yan 10) yao
11) jiǒng 12) sēn

● 2. 1) yǐn 2) yòu 3) yúshì 4) hǎo mǎ 5) nǐ hào

회화편

제 1 과

● 1. 1) wǒ máng 2) nín hǎo 3) zǎo a 4) lǎoshǔ
5) jiàoshì 6) rén duō 7) hěn huài 8) tóngshì

● 대화 1) 我忙. 2) 你好!

제 2 과

- 1. 1) lǐzi 2) guówáng 3) lǎozǐ 4) yìsī 5) xuéxí

- 대화 1) 不是，他是李老师. 2) 谁

제 3 과

- 1. 1) zhù nǐ 2) jiànkāng 3) xìngfú 4) kuàilè
5) jìniàn 6) nǎ tiān 7) dāngrán 8) yíngxīn
9) shēngzì 10) kèqì

- 대화 1) 什么 2) 我去百货店
3) 不，有意思(是，沒意思.)

제 4 과

- 1. 1) 09:10 2) 11:20 3) 02:05 4) 07:15 5) 10:20
6) 08:45 7) 05:30 8) 06:10 9) 12:00 10) 04:00

- 대화 1) 六点一刻 九点半 四点十分
差十五分九点（八点 四十五分） 差五分十点(九点 五十五分)
十二点(整)
2) 六月十五号 四月二十五号 十一月二十号
3) 星期五 星期日 星期三

제 5 과

● 1.
1) wǒ jiā 2) nà tiān 3) zhù nǐ 4) kuài ne 5) dāngqián
6) yíngjiē 7) xià xuě 8) jīngjù 9) nóngfu 10) měilì

● 대화 1) 不客气(不谢) 2) 忙不忙
3) 我能來(我不能來)

제 6 과

● 1.
1) nǐ ne 2) júhuā 3) míngzì 4) rén mǎ
5) yǒnggǎn 6) jiǔguǎnr 7) dōu shì 8) zhōngzhēng

● 대화 1) 我姓×, 名×× 2) 我叫×××.

제 7 과

● 1.
1) rìwén 2) hányǔ 3) huì shuō 4) guò jiāng
5) xiān dào 6) wǔ huì 7) yě qù 8) gāoxīn

● 대화 1) 会说 (不会说) 2) 我是韩国人.

제 8 과

● 1.
1) shāo méi 2) yěniú 3) duō dà 4) nuǎnqì
5) wǒ ya 6) shàngxué 7) nǚ'ér 8) wǎng hòu
9) xuānchuán 10) xiǎojiě

● 대화 1) 我属×. 2) 我×岁

제 9 과

● 1. 1) xiānshēng 2) gōngzuò 3) xiǎoxué 4) gōngsī
5) qī diǎn 6) shàng bān 7) zǎoshang 8) xiōngdì
9) gōngyǒu 10) dàxuě

● 대화 1) 我读××大学. 2) 兩点下课.

제10과

● 1. 1) zhù nàr 2) shǒu'ěr 3) dìfang 4) màoyì
5) dàshà 6) wàimiàn 7) dìzhǐ 8) hǎo de
9) tàiyé 10) zhù xiào

● 대화 1) 我住北京. 2) ××大学在韩国.
3) 我是上海人.

문형 총론

중국어 문형 총론

1 기본문형

중국어의 기본문형은 한국어와 같이 ① 형용사문, ② be동사문, ③ 동사문으로 이루어지며, 이 문형들을 바탕으로 부정문 · 의문문 등으로 응용된다.

1 형용사문

우리말의 어순과 일치한다.

주 어	+ 형용사	
身体 shēntǐ	好. hǎo	몸이 좋다. 1 2
运动场 yùndòngchǎng	小. xiǎo	운동장이 작다.
教室 jiàoshì	大. dà	교실이 크다.
中国人口 zhōngguó rénkǒu	多. duō	중국인구가 많다.
山 shān	高. gāo	산이 높다.
海 hǎi	深. shēn	바다가 깊다.

2 be동사문

① "A+是(shì)+B" A는 B이다

'是'는 중국어의 be동사로 '…이다'란 뜻이다. be동사문의 be동사와 주격보어의 위치는 우리말과 반대가 된다.

주 어 + 是 + 주격보어

我 是 学生
wǒ shì xuésheng
(저는 학생/입니다.)
1 3 2

生日 是 四月十四号
shēngrì shì sì yuè shí sì hào
(생일은 4월 14일이다.)

他 是 老师.
tā shì lǎoshī
(그는 선생님입니다.)

我 是 釜山人.
wǒ shì fǔ shān rén
(나는 부산사람이다.)

* 주어와 주격보어는 반드시 동격이어야 한다.

② '是'의 생략문형

be동사술어문에서 be동사 '是'가 생략되어 술어가 명사로 이루어진다고 하여 '명사술어문'이라고 하는데, 사실은 '是' be동사의 생략문이고, 부정형에는 반드시 '是'자를 써야 한다. 시간 · 요일 · 날짜 · 가격 · 출신지 · 나이 등을 나타내는 표현에서 '是'의 생략문을 쓴다.

주 어	+ 是 +	주격보어	
今天 jīntiān		九号. jiǔ hào	오늘은 9일이다. 1 2
今天 jīntiān	不是 bú shì	九号. jiǔ hào	오늘은 9일이 아니다. 1 3 2
葡萄 pútáo		多少(钱)? duōshǎo (qián)	포도는 얼마입니까?
葡萄 pútáo		五块(钱). wǔ kuài (qián)	포도는 5원입니다.
我 wǒ		釜山人. fǔshān rén	나는 부산사람이다.
我 wǒ	不是 bú shì	釜山人. fǔshānrén	나는 부산사람이 아니다.
我 wǒ		二十一岁. èr shi yī suì	저는 21살입니다.
我 wǒ	不是 bú shì	二十一岁. èr shí yī suì	저는 21살이 아닙니다.

3 동사문

목적어가 없을 경우, 우리말의 어순과 같지만, 목적어가 올 때의 어순은 우리말과 달리 "주어+동사+목적어"형이 된다. "나는 밥을 먹다"라는 말은 중국어에서는 '나' · '밥' · '먹다' 3개 단어만을 문형에 끼워 맞추면 된다. 그밖에 "나는 밥을 먹다"의 '밥'과 "나는 학교에 가다"의 '학교'는 중국어에서는 모두 동사문의 목적어로 간주한다.

주 어 + 동 사

父母 fùmǔ	散步. sànbù	(부모님은 산보한다.) 1 2
医师 yīshī	看. kàn	(의사는 본다.)
父亲 fùqīn	头痛 tóutòng	(아버지는 머리가 아프다.)
鸟 niǎo	飞. fēi	(새가 난다.)

주 어 + 동 사 + 목적어

学生 xuéshēng	去 qù	学校. xuéxiào

(학생은 학교에 간다.)
1 3 2

军人 jūnrén	看 kàn	报 bào

(군인은 신문을 본다.)

儿童 értóng	观察 guānchá	动物. dòngwù

(아동은 동물을 관찰한다.)

山顶上 shān dǐngshàng	有 yǒu	湖. hú

(산 정상에는 호수가 있다.)

植物园 zhíwùyuán	有 yǒu	植物. zhíwù

(식물원에는 식물이 있다.)

ㅁ 동사의 제일 긴 문장

be동사문과 형용사문은 대체로 짧고, 동사문은 길게 이루어질 수 있다. "주어+부사(시간 · 장소 · 일반)+능동사+동사+수량사+명사(목적어)"형이 동사문의 제일 긴 문형이다.

주 어 + 부 사 (시간 부사 + 장소 부사 + 일반 부사) + 능동사 + 동 사 + 수량사 + 명사(목적어)

我们	今天/在你家/都	能	吃	兩碗	饭
wǒmen	jīntiān zài nǐ jiā dōu	néng	chī	liǎng wǎn	fàn

(우리는 오늘 너희 집/에서 모두 밥 두 그릇을 먹을 수 있다.)

1 2 3 4 8 7 6 5

他	六月一号/在学校	开	会
tā	liù yuè yī hào zài xuéxiào	kāi	huì

(그는 6월 1일 학교/에서 회의를 한다.)

1 2 3 5 4

① 장소 앞의 전치사 '在'

중국어에서는 장소 앞에 전치사 '在'자를 붙여 '在+장소'로 나타낸다. '在…'는 동사 '(…에) 있다'와 전치사 '…에서' 두 가지 뜻을 가지며, '…에서'는 장소부사를 이룬다. 중국어에서는 '…에서' · '…에게' 등 전치사의 위치는 우리말과 반대로 놓여진다.

주 어	+ 장소부사	+ 동 사	+ 목적어	
我 wǒ		在 zài	学校. -- xuéxiào	동사

(나는 학교/에 있다.)

我 wǒ	在学校 zài xuéxiào	看 kàn	书. -- shū	전치사

(나는 학교/에서 책을 본다.)

② 부사의 위치

중국어에서의 부사는 우리말과 같이 대체로 주어 뒤에 놓여진다.

■ 부사의 위치 : 주어+부사+능동사+동사+수량사+목적어 (동사문)
주어+부사+형용사 (형용사문)

■ 부사의 종류
일반부사 : 종종(常常 chángchang), 모두(都 dōu), …도(也 yě) 등등
시간부사 : 매일(每天 měitiān), 3시(三点 sān diǎn) 등등
장소부사 : 학교에서(在学校 zài xuéxiào) 등등

□ 동사의 또 다른 두 가지 문형

동사문은 또 이중목적어문과 연동식문으로 나누어진다.

1 이중목적어문

우리말의 "…에게…를…한다."란 이중목적어문은 중국어에서는 "주어+동사+사람+사물" 문형에 단어만 알맞게 넣으면 된다.

주 어	+	동 사	+	사 람	+	사 물	
我 wǒ		教 jiāo		学生 xuésheng		钢琴 gāngqín	

(나는 학생에게 피아노를 가르친다.)

1 3 4 2

我 wǒ	送 sòng	他 tā	一个/礼物. yíge lǐwù

(나는 그에게 선물 하나를 선사한다.)

1 3 5 4 2

我 wǒ	借 jiè	他 tā	汉语辞典. hànyǔ cídiǎn

(나는 그에게 중국어 사전을 빌려준다.)

爸爸 bàba	给 gěi	我 wǒ	钱 qián	了. le

(아버지께서 나에게 돈을 주셨다.)

我 wǒ	问 wèn	行人 xíngrén	路. lù

(나는 행인에게 길을 묻는다.)

1 3 4 2

2 연동식문

우리말의 ① "…에 가서(와서) …를 하다"란 문형은 연동식문으로 중국어에서는 "주어+동사+목적어+동사+(목적어)"에, ② "…를 하기 좋아하다"란 표현은 "주어+동사+동사+목적어" 문형에 단어만 넣으면 된다. ①번인 경우, 첫 동작 '동사+목적어'에 이어 두 번째 동작 '동사+(목적어)'를 이어주면 되고, 우리말로 번역할 경우 첫 동작의 번역은 이어주는 말로 바꾸어야 한다. ②번인 경우, '좋아하다'란 단어 '喜欢 xǐhuān'을 써서 "주어+喜欢+동사+목적어"로 이어주면 된다.

주 어 + 동 사 + 목적어 + 동 사 + 목적어

他 来 韩国 学 韩语.
tā lái hánguó xué hányǔ
(그는 한국에 와서 한국어를 배운다.)
1 3 2 5 4

我 去 图书馆 看 书.
wǒ qù túshūguǎn kàn shū
(나는 도서관에 가서 책을 본다)

주 어 + 동 사(喜欢) + 동 사 + 목적어

我 喜欢 打 球.
wǒ xǐhuān dǎ qiú
(나는 공/치는 것을 좋아한다.)
1 4 3 2

他 喜欢 打 牌.
tā xǐhuān dǎ pái
(그는 마작(포커) 하는 것을 좋아한다.)

我 喜欢 看 电影.
wǒ xǐhuān kàn diànyǐng(r)
(나는 영화를 보는 것을 좋아한다.)

哥哥 喜欢 爬山.
gēge xǐhuān páshān
(형(오빠)은 등산하는 것을 좋아한다.)

2 부정형문 — '不 bù'와 '沒(有) méi(yǒu)'

중국어에서 부정형을 나타내는 표현으로는 '不'와 '没(有)'가 있는데, '不'는 현재 · 사실 · 미래 부정에 사용되고, '没(有)'는 과거부정에 사용된다.

'不'와 '没(有)'의 위치는 우리말과 달리 동사 또는 형용사 또는 be동사 앞에 고정적으로 놓여진다.

不 bù – 현재부정, 사실부정, 미래부정
沒(有) méi(yǒu) – 과거부정
\+ 동사 / 형용사 / be동사

주 어 + 不 또는 没 + 동 사 + 목적어

我	不	去	学校.
wǒ	bú	qù	xuéxiào

(나는 학교에 안 간다.)
1 4 2 3

不 현재부정, 사실부정

我	没	去	学校.
wǒ	méi	qù	xuéxiào

(나는 학교에 안 갔다.)
1 4 2 3

没 과거부정

他	不	参加	活动.
tā	bù	cānjiā	huódòng

(그는 행사에 참가하지 않는다.)
1 4 3 2

他	没	参加	活动.
tā	méi	cānjiā	huódòng

(그는 행사에 참가하지 않았다.)
1 4 3 2

주 어 + 不 + 형용사

我	不	好.	(나는 안 좋다.)
wǒ	bù	hǎo	
山	不	高.	(산은 높지 않다.)
shān	bù	gāo	

'不'와 '没'의 기타 용법

'不'은 '是'의 부정이고, '没'은 '有'의 부정으로, '(…가) 아니다'에는 반드시 '不是' 를 쓰고, '없다'에는 '没有'를 쓴다.

我是学生，我不是老师.
wǒ shì xuéshēng, wǒ bú shì lǎoshī
(나는 학생이고, 나는 선생님이 아니다.)
1 3 2

我是韩国人，不是日本人.
wǒ shì hánguórén, bú shì rìběnrén
(나는 한국인이고, 일본인이 아니다.)

大人有钱，学生没(有)钱.
dàrén yǒu qián, xuéshēng méi(yǒu) qián
(어른은 돈이 있고, 학생은 돈이 없다.)

北京有地铁，天津没(有)地铁.
běijīng yǒu dìtiě, tiānjīn méi(yǒu) dìtiě
(북경에는 지하철이 있고, 천진에는 지하철이 없다.)

3 과거 · 완료 시제문형

과거 또는 동작의 완료를 나타내는 문장은 문미 또는 동사 · 형용사 뒤에 '了'자를 붙이거나, 혹은 동사 뒤에 '过(guò)'자를 붙여 과거경험을 나타낸다.

1 과거시제 了(le)

'了'는 문미 또는 동사 · 형용사 뒤에 위치한다. '문미+了'형은 평술어이고, '동사+了'형은 강조 또는 동작의 긴박감을 나타내며, '형용사+了'일 경우, 형용사는 동사형이 된다.

주 어	+ 동 사	+ 목적어	+ 了
学生	去	学校	
xuéshēng	qù	xuéxiào	
(학생은 학교에 간다.)			
1 3 2		현재/의지	
学生	去	学校	了
xuéshēng	qù	xuéxiào	le
(학생은 학교에 갔다 .)		과거	
学生	去了	学校	
(학생은 학교에 갔다.)		강조	
儿童	观察	动物	了
értóng	guānchá	dòngwù	le
(아동은 동물을 관찰했다.)			
花	开		了.
huā	kāi		le
(꽃이 피었다.)			

我	吃	饭	了
wǒ	chī	fàn	le

(나는 밥을 먹었다.)

주 어 + 형용사 + 了

身体 shēntǐ	好 hǎo	了. le	(몸이 좋아졌다.) 1 2 3
我 wǒ	大 dà	了 le	나는 컸다.
运动场 yùndòngchǎng	小 xiǎo	了 le	운동장이 작아졌다.
教室 jiàoshì	大 dà	了 le	교실이 커졌다.

2 변화를 나타낸다.

이를 경우, '了'자는 있어도 되고 없어도 된다.

주 어 + 목적어 + 了

现在 xiànzài	几点 jǐ diǎn	(了)? (le)	지금 몇 시니?/지금 몇 시가 되었니?

3 과거경험 '동사 + 过(guò)'

동사 뒤에 '过'자를 붙이며, 과거경험을 나타내며, '…한 적이 있다'의 표현이 된다.

주 어 + 동 사 + 过 + 목적어

我	来	过	韩国.
wǒ	lái	guò	hánguó

(나는 한국에 온 적이 있다.)

1 4 2 3

我	去	过	北京.
wǒ	qù	guò	běijīng

(나는 북경에 가 본 적이 있다.)

4 의문문

1 … 吗(ma)?

주 어 + 형용사 + 吗

妈妈	健康	吗?
māma	jiànkāng	ma

(어머님은 건강하십/니까?)

1 2 3

教室	冷	吗?
jiàoshì	lěng	ma

(교실이 춥습/니까?)

韩国	热	吗?
hánguó	rè	ma

(한국은 덥습/니까?)

주 어 + 是 + 주격보어 + 吗

你 是 留学生 吗?
nǐ shì liúxuéshēng ma
(당신은 유학생/입/니까?)
1 3 2 4

他 是 釜山人 吗?
tā shì fǔshānrén ma
(그는 부산사람/입/니까?)

주 어 + 동 사 + 목적어 + 吗

你 去 教室 吗?
nǐ qù jiàoshì ma
(당신은 교실에 갑/니까? 너는 교실에 가니?)
1 3 2 4

你 学 汉语 吗?
nǐ xué hànyǔ ma
(당신은 중국어를 배웁/니까?)

주 어 + 不 또는 没 + 동 사 + 목적어 + 吗 ?

A: 你 吃 饭 吗?
nǐ chī fàn ma
(너는 밥을 먹니?)

B: 我 不 吃.
wǒ bù chī
(나는 안 먹어.)

A: 你 吃 饭 了 吗?
nǐ chī fàn le ma
(너는 밥을 먹었니?)

B: 我 没 吃.
wǒ méi chī
(나는 안 먹었어.)

2 의문대명사로 이루어진 의문문(무엇 · 누구 · 언제 · 어디 등)

무엇 · 어떤 · 누구 · 언제 · 어디 · 왜 등 '질문의 의미'를 갖는 단어는 단어로도 사용하지만, 중국어에서 이러한 단어는 단어 자체가 의문문이 되기도 한다. 이러한 단어를 의문대명사라고 한다. 의문대명사의 위치는 질문의 대상이 들어가야 하는 자리에 넣으면 된다. 즉 우리말에서의 의문대명사의 위치와 같다.

예 谁(shéi) : 누구, 누구십니까?
什么(shénme) : 무엇, 무엇입니까?
哪儿(nǎr) : 어디, 어디입니까?

주 어 + 是 + 주격보어 ?

谁 是 教师?
shéi shì jiàoshī
(누가 교사/입/니까?)
1 3 2

他 是 谁?
tā shì shéi
(그는 누구/십/니까?)

这 是 什么 书?
zhè shì shénme shū
(이것은 무슨 책/입/니까?)

주 어 + 동 사 + 목적어 ?

你 去 哪儿?
nǐ qù nǎr
(당신은 어디에 갑/니까?)
1 3 2

校长 教 什么?
xiàozhǎng jiāo shénme
(교장선생님은 무엇을 가르칩/니까?)
1 3 2

주 어 + 형용사

身体 怎样?
shēntǐ zěnyàng
(건강이 어떻습니까?)
1 2

3 정반의문문

동사 · 형용사 · be동사 '是'를 '긍정+부정?'형으로 구사한 의문문으로, 긍정과 부정을 이어 써도 되고 부정형을 문미에 놓아도 된다. 이러한 문형은 '吗'자 의문문과 교체 사용할 수 있다.

주 어 + 是 (긍정+부정) + 주격보어 ?

他 是不是?
tā shì bu shì
(그/입니까? 아닙니까?)

他 是不是 学生
tā shì bu shì xuéshēng
(그는 학생/입니까? 아닙니까?)
1 4 2 3

주 어 + 동사 (긍정+부정) + 목적어 ?

你 看不看 京剧?
nǐ kàn bu kàn jīngjù
(당신은 경극을 봅니까? 안 봅니까?)
1 4 2 3

你 看 京剧 不看?
nǐ kàn jīngjù búkàn

你 看 京剧 吗?
nǐ kàn jīngjù ma

주 어 + 형용사 (긍정+부정) ?

教室 大不大?
jiàoshì dà bu dà
(교실은 큽니까? 안큽니까)
1 2 3

4 상대방의 의견을 묻는 의문문

주 어 + 동 사 + 목적어 , 好吗(好不好) ?

我们 去 中国， 好吗?
wǒmen qù zhōngguó hǎo ma

(우리는 중국에 가는 것이 어떠합니까?)

1 3 2 4

5 선택을 묻는 의문문 : 'A+还是(háishì)+B?' → A 아니면 B? (A냐? B냐)

'还是'는 '아니면…인가?란 뜻으로, 둘 중 택일을 나타내는 의문문에 사용된다. '还是'는 긍정문에도 사용할 수 있는데, 긍정문일 경우 '그래도…하는 것이 좋다'의 뜻이 된다.

我还是他?
wǒ háishì tā

(나인가 아니면 그인가?)

1 2 3

爸爸好还是妈妈好?
bàba hǎo háishì māma hǎo

(아빠가 좋니 아니면 엄마가 좋니?)

1 2 3 4 5

6 수량을 묻는 의문문 : '多少(duōshǎo) 얼마'와 '几(jǐ) 몇'

'多少'와 '几'는 수량을 묻는 의문대명사로, '多少'는 '얼마', '几'는 '몇'이란 뜻이다. 위치는 수사의 위치에 놓이는데, 동사 · be동사 · 형용사 뒤인 셈이다. '多少'는 단어자체가 "얼마입니까?"란 의문문이 되기도 하지만, '几'는 단독으로 사용할 수 없고, 뒤에 반드시 양사가 있어야 한다.

多少: 숫자가 10개 이상의 수에 사용. '얼마, 얼마입니까?'의 뜻, 양사를 생략해도 됨.

几 : 숫자가 10개 이하의 수에 사용. '몇'의 뜻, 뒤에 반드시 양사를 써야 함.

주 어	동 사	수량사	목적어
你 nǐ	有 yǒu	多少(个)? duōshǎo (ge)	

(너는 얼마나 가지고 있니?)

1 3 2

주 어	동 사	수량사	목적어
你 nǐ	有 yǒu	几个? jǐ ge	

(너는 몇 개 가지고 있니?)

주 어	동 사	수량사	목적어
今天 jīntiān		几月几号? jǐ yuè jǐ hào	

(오늘은 몇 월 며칠입니까?)

주 어	동 사	수량사	목적어
今天 jīntiān		星期几? xīngqī jǐ	

(오늘은 무슨 요일입니까?)

만리장성
중국어1

초판인쇄 | 2013년 2월 25일
초판발행 | 2013년 3월 5일

저 자 | 왕옥지
발 행 인 | 이성범
발 행 처 | 문운당
주 소 | 서울시 종로구 혜화로5길 16 (명륜1가 45-3)
전 화 | (02)762-6010
팩 스 | 영업 (02)745-0265 / 편집 (02)762-8758
홈페이지 | http://munundang.co.kr
이 메 일 | munun2@chol.com

ISBN 978-89-7393-958-9 13720

정가 18,000원